Sabine Weiden

SCHEIDUNGSRECHT FÜR FRAUEN

[redacted]

SÜDWEST

INHALT

Wenn die Frau nicht geht, geht meistens gar nichts ...

»Männer sind feige ... Männer lügen am Telefon«

AUS DEM SONG »MÄNNER« VON HERBERT GRÖNEMEYER

Willkommen im Club, liebe Leserin – leider, denn nun haben also auch Sie erkennen müssen, dass Ihre Ehe am Ende ist. Die Traurigkeit einer solchen Entwicklung kenne ich aus eigener Erfahrung. Vor allem jedoch weiß ich auch, wie schwer es ist, sich diese Entwicklung selbst einzugestehen.

Der erste Schritt zur Trennung muss gewagt werden

Aber so schmerzhaft das Begreifen dieser Situation sein mag: Gerade jetzt darf die Traurigkeit nicht in eine lähmende Erstarrung führen. Es liegt jetzt vor allem an Ihnen, etwas zu tun, an Lösungen zu arbeiten, nach vorne zu schauen. Sehen Sie vor allem Ihre bevorstehende Scheidung nicht als persönliche Katastrophe an, und stellen Sie sich selbst nicht in die Versagerecke.

»Leicht gesagt, schwer getan«, mögen Sie jetzt vielleicht denken. Deshalb möchte ich gleich auf ein paar Fakten hinweisen, mit denen Sie vielleicht auch Ihre persönliche Einstellung zur Scheidung korrigieren, in einem anderen Licht betrachten können. Denn mittlerweile ist die Ehe längst nicht mehr der »Bund fürs Leben«. Jede dritte Ehe, die in den vergangenen 25 Jahren in Deutschland geschlossen wurde, ging auseinander. Tendenz stark steigend. Denn die Scheidungsrate nimmt pro Jahr um fünf bis zehn Prozent zu. Das heißt: Ihre Ehe ist nur eine von knapp 200.000, die pro Jahr von deutschen Familiengerichten für beendet erklärt werden – pro Sitzungstag sind das zwischen 750 und 800 Trennungsfälle.

Nun habe ich diesem Vorwort aus gutem Grund zwei Zeilen des Rocksängers Herbert Grönemeyer vorangestellt. Denn sie beschreiben sehr treffend, was ich selbst erlebt habe, was ich in vielen Partnerschaften befreundeter Paare mitbekommen habe und was mir viele Frauen berichtet haben: Die meisten Männer können wohl ganz gut damit leben, dass die Liebe in ihrer Partnerschaft längst gestorben ist. Im Klartext: Viele Männer sind – aus den unterschiedlichsten Gründen – wohl einfach zu feige, die Konsequenzen zu ziehen.

Immer wieder fällt mir dazu ein Gespräch ein, das ich mit meinem Exmann und unserem damaligen Rechtsanwalt unmittelbar nach dem eigenen Scheidungstermin führte. Wir waren gleich vom Gericht aus in ein Café gegangen. Die Stimmung war natürlich gedämpft – schließlich hatten wir ja beide als Ehepaar versagt. Aber wir konnten – was wir auch heute noch können – normal miteinander reden. Und es war der Anwalt, der irgendwann unvermittelt seine eigene Situation ansprach: »Wenn meine Scheidung auch so ablaufen könnte, wäre ich längst gegangen. Unsere Ehe hat sich seit Jahren erledigt.« Erst vor kurzem habe ich erfahren, dass er mittlerweile geschieden wurde – weil seine Frau gegangen ist.

Miteinander reden

Aufgrund nicht nur dieser, sondern auch vieler anderer Erfahrungen und Beobachtungen bin ich überzeugt: Wenn es einen guten Rückzug aus der Ehe, einen geordneten Neubeginn geben soll, wird in den meisten Fällen die Frau den ersten Schritt gehen müssen. Sonst nämlich geht gar nichts. Außer, dass vielleicht auch noch der allerletzte Rest an Achtung vor einander, an gedanklicher Fürsorge um einen Menschen, den man immerhin mal geliebt hat, in den Schmutz getreten wird.

Frauen ergreifen verstärkt die Initiative

Zwei von drei Scheidungen werden durch die Frau eingeleitet

Auch die offiziellen Statistiken belegen meine eigenen Beobachtungen: In zwei von drei Scheidungsfällen sind es die Frauen, die den Antrag stellen. Und in 87,5 Prozent aller Fälle geht die Scheidung dann auch eher reibungslos über die Bühne – weil die Männer zustimmen.

Mit diesem Buch möchte ich Ihnen helfen, sich auf diesen Neubeginn vorzubereiten. Und ich möchte dabei auf jedes ideologische Emanzentum verzichten. Denn dass es mit dem einen, mit Ihrem Mann nicht geklappt hat, ist noch lange kein Grund, sich nun in die Schmollecke der Männerverteufelung zurückzuziehen. Schließlich gibt es ja noch genügend andere Exemplare der Spezies Mann, die einen erneuten Partnerschaftsanlauf rechtfertigen.

Den Neubeginn realistisch angehen

Weil ich keine Psychologin bin, will ich ihnen auch keine pseudopsychologischen Plattheiten servieren. Die haben mich nämlich selbst bei meiner Scheidung eher genervt und verärgert, als dass sie mich weitergebracht hätten. Denn wer mir allgemein gültige Tipps geben will, wie sich Scheiden vermeiden lässt, wer mir etwas von der Trennung ohne Tränen erzählen will, der kann so eine Situation nie selbst durchlebt haben. Wenn Sie in diesem Buch trotzdem psychologisch anmutende Tipps für das Gespräch mit Ihrem Mann oder zum Erkennen der eigenen Situation finden, dann haben die einen anderen Hintergrund: Es sind kleine Hilfen, mit denen ich selbst damals gute Erfahrungen gemacht habe. Und ich hoffe einfach, dass diese Tipps aus der Praxis für die Praxis auch bei Ihnen funktionieren.

Die Sachlage klären

Wichtig ist es jetzt aber auch für Sie, die aktuelle und die künftige Situation in wirtschaftlicher und rechtlicher Hinsicht zu klären. Und dies ist mein Hauptanliegen. Denn wenn man erst mal abschätzen kann, welche generellen Scheidungsregeln es in den Gesetzen gibt, wie die Gerichte entscheiden, wie sich vor allem die finanzielle Lage nach der Trennung darstellt, schafft das den größten Teil der jetzt erforderlichen Klarheit. Und nur die kann dazu führen, letzte Unsicherheiten und Bedenken gegen Ihren Schritt aus der Ehe zu zerstreuen.

Immer wieder werden mir von Frauen, die sich in der gleichen Situation befinden wie Sie, dieselben Fragen gestellt: zum Zugewinn- und Versorgungsausgleich, nach den Unterhaltsansprüchen oder zum Sorgerecht. Und sobald diese Fragen geklärt sind, erscheint es vielen ganz einfach, den letzten Schritt zu tun.

Darauf bezieht sich auch der Untertitel dieses Buches. »So werde ich meinen Ehemann los« – damit ist nicht gemeint, dass hier die Liste der »50 ways to leave a lover« ergänzt werden soll. Sondern, dass Sie in diesem Buch Antworten auf die Fragen erhalten, die sich noch stellen werden – ehe Sie dann wirklich in das neue Leben nach der Ehe starten oder doch den wichtigsten Schritt in diese Richtung tun.
Also: Nehmen Sie das Steuer in die Hand – denn »er« wird es kaum tun. Oder er wartet bis zu einem ihm genehmen Sankt-Nimmerleins-Tag – und verplempert dabei Ihre beider Zeit.

Warten Sie nicht, bis er eine andere hat

Es soll wissenschaftlich belegt sein, dass die meisten Männer mit dem Beenden einer Ehe so lange zögern, bis eine andere, neue Frau in ihr Leben tritt. Aber wollen Sie wirklich so lange warten auf die Lösung einer Situation, die doch wohl kaum noch zu kitten, zu übertünchen ist? Es liegt an Ihnen, jetzt zu agieren oder zu reagieren, aktiv zu sein oder abzuwarten. Doch wenn Sie nur abwarten, dann machen Sie sich völlig unnötig zum Spielball fremder Entscheidungen. Außerdem ist das selbst bestimmte Handeln auch eine gute Übung für die kommende Zeit. Denn künftig werden Sie immer das Steuer selbst in die Hand nehmen müssen.

Bestimmen Sie das Geschehen

Dabei sollten Sie sich einerseits nicht drängen lassen, andererseits aber auch den Zeitrahmen nicht zu weit stecken. Wenn die jetzige Situation schon unfreundlich ist, dann kann die nach der Scheidung kommende Zeit nur besser werden. Und von dieser guten Zeit sollte so wenig wie möglich verschenkt werden. Scheiden tut zwar weh – aber es kann auch dauerhaften Schmerz beenden. Zumal fünf Jahre nach der Scheidung 60 Prozent aller Frauen einen neuen Partner gefunden haben.

Neue Ufer warten

Wenn ich Ihnen dabei helfen kann, Antworten auf die sich nun auftürmenden Fragen zu finden und damit einen Teil Ihrer guten Zeit zu retten, habe ich mein Ziel erreicht.

Sabine Weiden & das Team von Livingston Media

Wege zur einvernehmlichen Trennung

Ganz gleich, ob mir Freunde oder Kollegen von Ihrer Ehe erzählen – sehr oft beschleicht mich dabei ein merkwürdiges Gefühl. Denn da gibt es komischerweise nur zwei Gruppen von verheirateten Männern.

Zur einen Gruppe gehören die Männer, die mit mehr oder weniger Nachdruck ihre Ehe als glücklich bezeichnen. In ihren Erzählungen taucht das Wort »Liebe« auf. Sie lassen verlauten, dass sie ihre Frau noch einmal heiraten würden. Zumindest aber bekräftigen sie die Richtigkeit ihrer Heirat.

Zur anderen Gruppe gehören jene Exemplare, die sich auch ungefragt gern sofort als »Ehe-Opfer« outen. Glaubt man ihren Worten, dann stimmt rein gar nichts in ihrer Partnerschaft. Und meistens bekommt man auch gleich die Erklärung mitgeliefert, warum dann trotzdem an der Ehe festgehalten wird: angeblich wegen der Kinder. Das mag nach Fürsorge und Verantwortung klingen – aber die Wahrheit ist wohl meist eine ganz andere.

Kinder werden oft vorgeschoben

Das lassen eine Vielzahl von Studien und Befragungen erkennen, zu denen die Scheidungsstudie der Universität Mannheim ebenso gehört wie Untersuchungen des Instituts für Frühpädagogik in München, an der Ruhr-Universität in Bochum oder Auswertungen der Gespräche in Beratungsstellen, wie sie z. B. die Caritas oder das Diakonische Werk unterhalten. Während es die Frauen meistens nicht mehr lange in einer unerfüllten Beziehung ohne Zuneigung und Geborgenheit aushalten, sind Männer viel »leidensfähiger«. Wohl auch, weil sie dem Leid der zerbrochenen Ehe auf vielfältige Weise entfliehen können: Seitensprünge fallen den Männern meist leichter als den Frauen, die Berufswelt bietet Männern oft eine sichere Fluchtburg vor dem häuslichen Unfrieden – und die wirtschaftliche Basis bleibt ebenfalls unangetastet. »Warum also etwas ändern«, dürften sich da wohl

Männer kompensieren Probleme leichter

viele Männer fragen. Zumal es bei vielen auch noch eine ausgeprägte Angst davor geben dürfte, nach der Scheidung auf höchst wackeligen finanziellen Füßen zu stehen. Übereinstimmend lässt sich aus allen Befragungen herauslesen: Wegen der Kinder an der Ehe festhalten zu wollen, das ist für die Männer meist nur ein vorgeschobenes Argument.

Fakten zu Scheidungskindern

Ehen mit Kindern werden bedeutend häufiger geschieden als kinderlose. Pro Jahr werden auf diese Weise über 160.000 Kinder zu »Scheidungswaisen« und erleben mit, wie Vater oder Mutter ausziehen. Berücksichtigt man nur die ehelichen Scheidungs- bzw. Trennungswaisen und nicht die Kinder aus Partnerschaften ohne Trauschein, zeigt sich folgendes Bild: Jedes Dritte dieser Kinder bzw. jeder Dritte dieser Jugendlichen unter 18 Jahren wächst nicht mehr gemeinsam mit beiden Elternteilen auf.

Kinder kitten keine Risse – im Gegenteil

Sprechen Sie mit ihm – aber nicht zuerst übers Geld!

Dass es sich bei dem Kinder-Argument nur um ein vorgeschobenes handelt, wird aber anhand einer anderen Tatsache noch deutlicher. Kommt es nämlich im Zusammenhang mit Scheidungs- oder Trennungsgesprächen zum Streit, beruht dies nach übereinstimmenden Angaben von Männern und Frauen vor allem auf finanziellen Auseinandersetzungen. Da spielen die Kinder, Erziehungs- oder Sorgerechtsfragen plötzlich kaum noch eine Rolle. So früh wie möglich und sooft es geht, sollte deshalb in den Vordergrund gestellt werden, dass Sie sich eine Trennung ohne Streit wünschen und vor allem keinen Streit ums Geld wollen – ganz gleich, wie schwer dieses Ziel später wirklich zu erreichen ist. So können Sie dazu beitragen, die Gründe für seine Berührungsangst mit dem Thema »Scheidung« auszuräumen.

Größter Streitpunkt – das Geld

Die einvernehmliche Scheidung als idealer Weg

Gerade weil es meistens die Frauen sind, denen die Ausweglosigkeit der Ehe und die Scheidung als beste Lösung zuerst bewusst werden, können sie den Ablauf aller weiteren Ereignisse am ehesten bestimmen und lenken. Von ihrer Regie allein kann es abhängen, ob einvernehmliche Lösungen erzielt werden oder ob es eine streitige Auseinandersetzung gibt, in der überhaupt keine direkten Aussprachen mehr möglich sind. Die Folge wäre, dass auch das kleinste Detail nur durch das Familiengericht bestimmt werden kann. So eine Situation aber sollte schon deshalb vermieden werden, weil solche nur noch streitigen Lösungen allzu oft Trotzreaktionen auslösen. Eine vom »Verband allein erziehender Mütter und Väter« ermittelte Zahl, wonach 800.000 Unterhaltspflichtige in Deutschland keine Zahlungen leisten, muss zwar mit einer gewissen Skepsis betrachtet werden. Denn dafür gibt es keine »amtlichen« Belege. Aber die Zahl lässt zumindest erahnen, wohin Trotzreaktionen führen können.

Eine weitestgehend einvernehmliche Scheidung dagegen eröffnet eine Vielzahl von Möglichkeiten, von denen alle Beteiligten profitieren können:

- Scheidungskosten lassen sich auf ein Minimum reduzieren, oft auf Beträge im unteren vierstelligen Bereich drücken, weil lediglich ein Anwalt beschäftigt wird.

Eine einvernehmliche Trennung bringt Vorteile

- Zur Minimierung der Scheidungskosten trägt auch bei, dass vom Gericht bei Einvernehmlichkeit keine genaue Prüfung der echten finanziellen Verhältnisse vorgenommen werden muss. Zur Ermittlung der Gebühren begnügt man sich oft mit den eigenen Angaben der Beteiligten – auch wenn die relativ niedrig ausfallen.
- Gerade in einer Ehe mit Kindern können einvernehmliche Lösungen den immer eintretenden Trennungsschmerz auf ein Minimum reduzieren. Denn die Kinder »behalten« beide Elternteile, gewinnen praktisch ein weiteres »Zuhause« beim ausziehenden Elternteil hinzu.

Die Liste der Vorteile ließe sich nahezu ins Unendliche verlängern. Ebenso viele Gründe sollte es darum geben, auf eine sanfte Scheidung hinzuarbeiten. Dies jedoch ist in zwei Fällen kaum möglich: wenn in einer Ehe des Schreckens (siehe folgenden Info-Kasten) gar keine Möglichkeiten des Gesprächs bestehen oder wenn sich der Mann Knall auf Fall vor vollendete Tatsachen gestellt sieht. Da aber die Initiative zur Scheidung meist von der Frau ausgeht, sollte sie auch auf die Einvernehmlichkeit hinarbeiten.

Frauen in Not: Wo es Hilfe gibt, wenn Sie sofort aus der Ehe flüchten müssen

Wenn eine Ehe von Gewalt beherrscht wird, Misshandlungen, Beschimpfungen, Vergewaltigungen, Drohungen an der Tagesordnung sind und/oder die Frauen durch Geldentzug ihrer Unabhängigkeit beraubt sind, bleibt oft nur der Weg ins Frauenhaus. Rund 40.000 Frauen finden dort pro Jahr Zuflucht und erste Hilfe bei Ihrem Weg aus der Ehe. Nachstehend haben wir die häufigsten Fragen zum Stichwort Frauenhaus beantwortet.

Wenn jedoch sofort Hilfe angesagt ist

Wo ist das nächste Frauenhaus?
Allein in Deutschland gibt es rund 400 Frauenhäuser – die Anschriften werden jedoch geheim gehalten, um Frauen und Kinder vor Nachstellungen zu schützen und ihre Sicherheit zu garantieren.

Wie finde ich ein Frauenhaus?
Telefonnummern werden von der Auskunft genannt, ebenso kann man die Rufnummern von Frauen- oder Gleichstellungsbeauftragten der Städte oder Landkreise erfragen. Auch Jugendämter bzw. Familienfürsorgestellen erteilen Auskunft.

Wie schnell kann ich in ein Frauenhaus gehen?
Sofort, wenn es sein muss. Telefonisch wird mit den Mitarbeiterinnen ein Treffpunkt verabredet, an dem dann die

betreffende Frau und ihre Kinder in Empfang genommen und dann weiter betreut werden.

Wer wird aufgenommen?
Jede Frau, die für sich allein oder auch mit Ihren Kindern um Aufnahme bittet. Nationalität und Konfession spielen keine Rolle.

Was wird im Frauenhaus für mich und/oder die Kinder getan?
Das Frauenhaus bietet (kostenlos) Schutz und Unterkunft, außerdem

Schutz und Unterkunft

Beratung und Hilfe in allen Scheidungs- und Behördenfragen. Vor allem bieten die Frauenhäuser

- Hilfe beim Ausfüllen von Anträgen und Formularen
- Rechtsberatung bei der Durchsetzung von Ansprüchen
- Unterstützung bei der Suche nach Schul- und Kindergarten- oder Arbeitsplätzen und Wohnungen
- Finanzielle Unterstützung in den ersten Tagen
- Beratung sowie weitere Betreuung nach dem Auszug

Was muss ich mitnehmen?
Unbedingt erforderlich sind persönliche Ausweisdokumente (Reisepass, Personalausweis, Führerschein, bei Ausländerinnen auch Aufenthalts- und Arbeitsgenehmigung) sowie die Krankenkassenchipkarte für sich selbst und die Kinder sowie für Kinder außerdem eine Geburtsurkunde und (wenn vorhanden) der Sorgerechtsbescheid. Soweit möglich, sollten außerdem mitgebracht werden:

- Heiratsurkunde
- Lohnsteuerkarte
- Rentenversicherungsunterlagen
- Geburtsurkunde
- Verdienstausweis oder Gehaltsabrechnung des Mannes
- eigene Arbeitspapiere und Zeugnisse
- Schulsachen der Kinder

Wie lange kann ich im Frauenhaus bleiben?
So lange, wie es erforderlich ist. Jede dritte Frau nimmt das Frauenhaus nur wenige Tage in Anspruch und zieht bereits innerhalb der ersten Woche wieder aus, oft zu Freunden oder Verwandten. Aber auch eine Unterbringung über Wochen oder Monate ist im Frauenhaus möglich und durchaus üblich.

Das entscheidende Gespräch – Zeit dafür gibt es genug

Weibliche Diplomatie – genau auf diese Fähigkeit kommt es an, wenn der sanfte Ausstieg vorbereitet werden soll. Und die Diplomatie beginnt schon damit, die richtigen Schritte zum richtigen Zeitpunkt einzuleiten.

Dabei sind nach den schon erwähnten Studien und Untersuchungen vor allem zwei Punkte besonders interessant:

- Die meisten Ehen scheitern im dritten oder vierten Jahr.
- Die meisten Scheidungen aber werden erst im siebten Ehejahr ausgesprochen.

Innere Trennung und Scheidung – dazwischen liegt relativ viel Zeit

Es ist also doch etwas dran an der These vom »verflixten siebten Jahr«. Aber wichtiger noch ist eine andere Schlussfolgerung: Vom Erkennen der Situation bis zum endgültigen Schlussstrich bleibt meist viel, zumindest aber ausreichend Zeit, den Gang der Dinge positiv zu beeinflussen.

Um den richtigen Gesprächszeitpunkt zu finden, stehen Monate, wenn nicht Jahre zur Verfügung. Es gibt also keinen Grund, das Trennungsgespräch in unmittelbarem Zusammenhang mit einem aktuellen Streit zu führen. Im Gegenteil, es bieten sich ausreichend Möglichkeiten, auf einen relativ spannungsfreien Moment zu warten.

Sollten Sie sich aber selbst noch nicht ganz sicher sein, ob Ihre Ehe wirklich nicht mehr zu retten ist oder Sie einfach nur den Wunsch haben, sich in Ihrer Grundstimmung noch zusätzlich bestätigen zu lassen, kann Ihnen dabei die folgende Checkliste helfen.

Checkliste: Ist die Zeit für eine Trennung reif?

Die vorliegende Checkliste wurde zusammengestellt vom Livingston-Psychologenteam (Hamburg). Sie spricht Indikatoren an, die auf eine nicht mehr zu heilende Zerrüttung schließen lassen, die durch Kontrollfragen erhärtet werden.
Antworten bitte ankreuzen, Auswertung unten

Indikatoren für eine nicht zu heilende Zerrüttung

Waren Sie vor der Ehe, aus der Sie jetzt ausbrechen möchten, schon einmal verheiratet?	ja ❐	nein ❐
Waren Sie über 31 Jahre alt, als Sie Ihren Mann kennen gelernt (nicht geheiratet!) haben?	nein ❐	ja ❐
Sind Sie sich klar darüber, welche fünf Eigenschaften auf Ihren Traumehemann unbedingt zutreffen sollten?	ja ❐	nein ❐
Wenn er sich viel Mühe gäbe und sich sehr veränderte, könnte Ihr jetziger Mann dann nicht doch mindestens drei dieser Eigenschaften bieten?	nein ❐	ja ❐
Können Sie jeweils ganz konkrete Gründe dafür nennen, warum Ihr jetziger Mann einzelne dieser Eigenschaften auf Dauer nicht wird erfüllen können?	ja ❐	nein ❐
Haben Sie noch den Wunsch nach Zärtlichkeitsaustausch und Sex mit Ihrem Mann?	nein ❐	ja ❐
Haben Sie überhaupt schon mal mit Ihrem Mann darüber gesprochen, welche Wünsche und Erwartungen Sie mit der Ehe verbinden?	ja ❐	nein ❐
Ungeachtet aller Zerrüttung: Können Sie auf Anhieb noch drei nicht finanzielle bzw. wirtschaftliche Dinge nennen, die Ihnen Ihre jetzige Ehe bringt?	nein ❐	ja ❐
Haben Seitensprünge bei Ihnen oder Ihrem Partner die zerrüttete Situation erst ausgelöst, herbeigeführt?	ja ❐	nein ❐
Können Sie aus der Erinnerung heraus noch drei Gründe für die Eheschließung mit Ihrem Mann nennen, ohne dabei die pauschale Antwort »Ich habe ihn geliebt« zu gebrauchen?	nein ❐	ja ❐
Sind Sie zum jetzigen Zeitpunkt nur noch mit Ihrem Mann zusammen, weil letzte Konsequenzen der Scheidung und die Modalitäten noch nicht geklärt sind?	ja ❐	nein ❐

Haben Sie – auch wenn heute vielleicht gar nichts mehr läuft – in Ihrer Ehe zumindest zeitweise eine erfüllte Sexualität gefunden?	nein ❐	ja ❐
Würden Sie so weit gehen zu sagen, dass Ihr Mann Alkoholprobleme hat?	ja ❐	nein ❐
Kennen Sie – und zwar nicht nur aus seinen eigenen Erzählungen – den Arbeitsplatz Ihres Mannes und seine konkrete berufliche Situation (also z. B. aus Gesprächen mit seinen Kollegen, Freunden)?	nein ❐	ja ❐
Wurde die Zerrüttung Ihrer Ehe durch Arbeitslosigkeit ausgelöst oder verstärkt?	ja ❐	nein ❐
Haben Sie in den letzten zwei Wochen einen Tag mit Ihrem Mann verbracht, der so harmonisch war, dass Sie insgeheim doch noch Chancen für Ihre Ehe sahen?	nein ❐	ja ❐
Wurde die Zerrüttung durch Einmischung von anderen (Ihre Eltern, Schwiegereltern, Freunde) verstärkt oder sogar dadurch ausgelöst?	ja ❐	nein ❐
Bitte zählen Sie nun zusammen, wie viele Kreuze Sie jeweils in der linken und der rechten Spalte gemacht haben. Je häufiger Sie links angekreuzt haben, desto unwahrscheinlicher ist es, dass sich Ihre Ehe noch retten lässt.		

Wie aber kann ein offenes und möglichst stressfreies Gespräch mit dem Mann eingeleitet werden, nachdem Sie sich selbst über die Aussichtslosigkeit des weiteren Festhaltens an Ihrer Ehe Klarheit verschafft haben?

Keine Vorwürfe und Schuldzuweisungen

Die wichtigste Regel: Auf keinen Fall sollten in so einem Gespräch unterschwellige Vorwürfe mitschwingen, Schuldzuweisungen geäußert werden. Erleichtern Sie Ihrem Partner den Einstieg in das Gespräch dadurch, dass Sie eher beiläufig auf das Thema kommen und ihn nicht in Erklärungsnot bringen. Bedenken Sie vor allem, dass er auch auf banale Fragen wie »Bist du eigentlich noch glücklich mit mir?« oft keine Antworten aus dem Stegreif geben kann. Denn im Gegensatz zu Ihnen ist er auf die Situation nicht oder nur wenig vorbereitet.

Versuchen Sie, Ihrem Mann Brücken zu bauen

Völlig unabhängig davon, wer den größeren Teil (denn einer allein ist es nie) der Schuld am Scheitern Ihrer Ehe hat: Es kann sehr sinnvoll sein, wenn Sie als die Regisseurin des Ausstiegs ihm den Einstieg ins Gespräch durch ein paar kleine Tricks erleichtern:

1. Bauen Sie ihm Gesprächsbrücken, indem Sie eventuell auch fälschlicherweise die Hauptschuld am Scheitern der Ehe zunächst mal auf sich ziehen.
2. Locken Sie ihn aus der Reserve, indem Sie Vorwürfe vermeiden, ihm aber die Gelegenheit geben, seine Unzufriedenheit zu äußern.

Eigene Gefühle zuerst in den Griff bekommen

Gerade der zweite Punkt erfordert allerdings am meisten Kraft – abhängig davon, wie hoch Ihr persönlicher »Traurigkeitsfaktor« noch ist. Deshalb ist jeder Zeitpunkt, zu dem Sie selbst Verletztheiten, Kränkungen und Enttäuschungen noch nicht verarbeitet haben oder diese Gefühle wieder in sich aufsteigen fühlen, der falsche Moment für das Gespräch.

Drei Grundsätze für Ihr Gespräch mit ihm

1. Sie sind sich darüber klar, dass nur Sie der tonangebende Partner sein können, weil sich sonst an Ihrer augenblicklichen Situation nichts ändert.
2. Sie übernehmen die weitere Führung – unabhängig davon, wer in Ihrer Ehe das Sagen hatte.
3. Sie haben keine Scheu davor, die Regie an sich zu reißen. Denn Sie wissen, dass auch in zwei von drei aller anderen Scheidungsfälle die Frau der bestimmende Partner ist.

Auf keinen Fall lassen Sie sich dazu hinreißen, das Trennungsgespräch in eine »Generalabrechnung« abgleiten zu lassen. Versuchen Sie also, die Vergangenheit weitestgehend auszublenden, und sprechen Sie auch sein Fehlverhalten in der Vergangenheit nicht an. Halten Sie sich an die »Checkkarten Gesprächsstichpunkte« (siehe Seite 28 ff.) – denn es kommt nun nur noch darauf an, nach vorn zu schauen.

Leider gibt es aber keine Patentrezepte, wie sich solche Gespräche am besten beginnen lassen. Denn jeder Mann reagiert anders. Einzig Ihr Fingerspitzengefühl und Ihr Einfühlungsvermögen sagen Ihnen, mit welchem Einstieg Sie bei Ihrem Mann am ehesten das Gespräch in der gewünschten Atmosphäre herbeiführen können – ohne dass die Unterhaltung letztlich in einen Streit ausartet, in dessen Verlauf dann doch wieder nur in »schmutziger Wäsche« gewühlt wird. Die folgende Übersicht nennt deshalb nur beispielhaft einige Möglichkeiten für Gesprächseinstiege. Aber da gibt es noch viele weitere – und so soll diese Liste Ihnen vor allem als Anregung dienen.

Einfühlungsvermögen hilft weiter

⚡ Blitzübersicht: Schlüsselsätze für das Gespräch mit Ihrem Partner

positive Einleitung	negative Einleitung
Bist du denn noch wirklich glücklich mit mir? Fühlst du dich noch wohl in unserer Beziehung?	Du gibst mir immer häufiger das Gefühl, dass ich dir völlig gleichgültig bin.
Ich glaube, nach einer Trennung kämen wir besser miteinander aus als heute.	Du zeigst mir bei jeder Gelegenheit, dass dir unsere Ehe nichts mehr bedeutet.
Sollten wir nicht versuchen, den letzten Rest an Gefühlen füreinander zu retten, anstatt sie durch Streit zu zerstören?	Dir ist wohl völlig egal, wie ich mich fühle – Hauptsache, du kannst schön bequem weiterleben wie bisher.
Ich habe mich in letzter Zeit oft gefragt, ob wir so weiterleben sollten – oder ob eine Trennung nicht besser wäre.	Du weißt genau, dass unsere Ehe keine Zukunft hat, aber du bist doch nur zu feige, die Konsequenzen zu ziehen.
Ich glaube, wir beide sind kein ideales Paar – aber wir könnten ideale Freunde sein, wenn wir unsere Ehe vernünftig und fair zu Ende bringen.	Du hast dich längst damit abgefunden, dass unsere Ehe nur noch auf dem Papier existiert – aber über die Zukunft denkst du nicht nach.

Mögliche Gesprächseinstiege

Bitte berücksichtigen Sie also, dass es sich hier nicht um Patentlösungen handelt. Versuchen Sie, diese Liste für Ihren persönlichen Fall und entsprechend den zu erwartenden Reaktionen Ihres Mannes zu verlängern und durch ganz eigene Punkte für eine positive und negative Einleitung zu verlängern. Bitte bedenken Sie auch, dass jede Einleitung negativ ist, mit der ein Vorwurf ausgesprochen wird und die ihn damit in eine Verteidigungsposition hineinzwängt.

Vorwürfe vermeiden

Gerade weil der Mann nicht in eine Verteidigungsposition hineingezwungen werden soll, ist es kein Zufall, dass die hier beispielhaft aufgezählten positiven Einleitungen alle mit »ich« beginnen. Wenn Sie weitere Einleitungsmöglichkeiten hinzufügen, werden Sie nämlich schnell erkennen: Auf diese Weise ist die Gefahr am geringsten, Ihrem Gespräch ungewollt den Charakter einer Abrechnung zu geben.

Die Partnerwunschliste als Grundlage für ein Gespräch

Sehr gute Erfahrungen bei der Einleitung einer positiven Auseinandersetzung habe ich mit einem Tipp gemacht, den mir damals Psychologen gaben: Beide Partner nehmen einen Bogen Papier und schreiben auf, welche Eigenschaften Sie

Wünsche an den Partner

vom jeweils anderen erfüllt sehen möchten. Auf diese Weise entsteht quasi eine Art »Wunschzettel«, auf dem wichtige Punkte ebenso notiert werden wie nebensächliche. Denn schließlich kann es auch die Summe vieler Nebensächlichkeiten sein, die dann als wichtiger Grund für eine Trennung zwischen beiden steht.

Nun wird so eine Partnerwunschliste allerdings meist als Hilfsmittel in Beratungsgesprächen verwendet. Die Partner werden also von einem unbeteiligten Dritten als Moderator aufgefordert, sich in dieser schriftlichen Form grundlegend mit Wünschen und Wirklichkeiten in ihrer Ehe auseinander zu setzen. Und es darf nicht verschwiegen werden, dass es ohne einen Moderator schwer werden kann, den anderen zum Mitspielen zu bringen.

Sollte es aber dennoch gelingen, kann mit einem solchen Wunschzettel in der folgenden Weise gearbeitet werden.

Konstruktives Arbeiten mit dem Wunschzettel

1. Zunächst werden auf einem Blatt Papier untereinander wichtige und unwichtige Wünsche notiert, die mit einer »idealen« Ehe verbunden werden. Ebenso werden Eigenschaften notiert, über die der Ehepartner verfügen sollte. Dabei darf Wichtiges und Unwichtiges bunt durcheinander gewürfelt werden.
2. Diese Liste sollte am besten 20 Punkte umfassen.
3. Sind diese Stichpunkte notiert, wird deren Wichtigkeit bewertet. Drei Sterne stehen dabei für die wichtigsten Punkte, zwei für weniger wichtige und einer für Unwichtiges.
4. Ganz zum Schluss aber werden Wunsch und Wirklichkeit miteinander verglichen. Kreuzen Sie deshalb hinter jedem Punkt an, ob er in Ihrer Ehe erfüllt ist oder nicht.

In den meisten Fällen werden die Wunschlisten beider Partner völlig unterschiedlich aussehen, ganz andere Punkte umfassen – das aber spielt überhaupt keine Rolle. Denn hier kommt es nicht auf einen Vergleich beider Listen an. Auch in einer harmonischen Ehe könnten beide Partner völlig unterschiedliche Stichpunkte notiert haben.

Enttäuschte Erwartungen werden sichtbar

Entscheidender als die Übereinstimmung der Stichpunkte ist, welche Zufriedenheit sich aus der Wunschliste herauslesen lässt. Oft erfahren beide Partner auf diese Weise erstmals vom anderen, was er sich wirklich von der Ehe erhofft hat und welche dieser Erwartungen nicht oder nicht mehr erfüllt sind. Anhand einer solchen Liste lassen sich auch leichter Gespräche darüber führen, in welchen als wichtig gekennzeichneten Punkten eine Übereinstimmung wohl kaum herbeizuführen sein wird. Bedenken Sie aber bitte auch hier wieder, dass in Ihren beiden Wunschzetteln ganz andere als die hier genannten Punkte aufgeführt sein können.

Mögliche Wünsche

Checkliste: Partnerwunschzettel

Für mich ist wichtig:	**wichtig**	**erfüllt**
Ich will mich sexuell begehrt fühlen, wünsche mir häufigeren, anderen Sex		
Ich möchte abends gefragt werden, wie mein Tag war		
Ich will mich nicht ständig über Unordnung und herumliegende Sachen ärgern		
Ich hasse es, wenn Zahnpastaspritzer am Badezimmerspiegel nicht entfernt werden		
Sie soll nicht ständig mit Ihrer Mutter/ Freundin telefonieren		
Er soll Interesse für die Schule der Kinder zeigen		
Ich will nicht jeden Abend vor dem Fernseher hocken, möchte mal ausgehen		

In vielen Fällen wird es kaum gelingen, den Partner zum Schreiben eines solchen Wunschzettels zu bewegen. Außerdem besteht die Gefahr, dass Gespräche über die nicht erfüllten Wünsche wieder in Streit enden.

Die Situation wird klarer

Aber so ein Wunschzettel kann auch dann sehr hilfreich sein, wenn man sich im Vorfeld einer Trennung über seine eigene Situation in der Ehe klar werden möchte. Gerade dann, wenn man selbst noch Unsicherheiten über die Richtigkeit einer Scheidung verspürt, kann so eine schriftliche Gedankenstütze für einen selbst hilfreich sein. Eine weitere gute Hilfe dabei kann auch die Methode des Mind Mappings® sein, die ich bei vielen schwierigen Entscheidungen im Alltag anwende und die im folgenden Abschnitt beschrieben wird.

Gedanken ordnen, Einfälle notieren

Gerade bei einer Scheidung fällt es schwer, alle Gedanken in eine schlüssige Ordnung zu bringen. Grund ist, dass uns eine kaum zu bewältigende Vielfalt rationaler, pragmatischer

Überlegungen einerseits und Gefühle andererseits durch den Kopf schießen. Da treffen dann Überlegungen zusammen, die sich zum Teil ausschließen, widersprechen und die kaum jemand auf Anhieb in eine Prioritätenliste bringen kann. Auch deshalb, weil sich mit der Scheidung eine Situation darstellt, die wir kaum aus unserem üblichen Erfahrungsschatz zu meisten vermögen. Wir können uns nicht, wie bei anderen kleinen oder großen Problemen des Alltags, an Erfahrungen klammern und uns aus der Vergangenheit für die wahrscheinlich richtige Lösung entscheiden.

Gedanken und Gefühle ordnen

Einen neuen Weg, in solchen Fällen zunächst mal Ordnung in seinen Gedanken zu schaffen, beschreibt Dipl.-Psychologe Peter Weiler in seinem Buch »Kreativitäts-Training« (Südwest Verlag, 29,80 DM) mit den simplen Worten »erst sammeln, dann sichten«. Und als Hilfsmittel dafür empfiehlt er die Mind Maps, mit denen

- Auch zunächst flüchtige Einfälle oder spontane Fragen festzuhalten sind
- Sich gedankliche Ordnung schaffen lässt
- Leicht überschaubare Zusammenhänge hergestellt werden können und
- Aufgabenlisten später dann Punkt für Punkt abgearbeitet werden können

Wie man mit Mind Maps® arbeiten kann

»Gedanken-Landkarte« wäre die korrekte Übersetzung des vom englischen Psychologen Tony Buzan entwickelten Prinzips, mit dem wir Ordnung in unserem Kopf schaffen können. Und obwohl anhand des Mind Mappings zur Trennung vom Partner (siehe Seite 16 f.) bereits erkennbar wird, wie sich so eine Gedankenlandkarte erarbeiten lässt, seien dafür noch einmal die einfachen Regeln erklärt:

Regeln für das Mind Mapping

1. Beginnen Sie Ihre Notizen genau in der Blattmitte.
2. Schreiben Sie keine Sätze auf, sondern Stichworte.
3. Nehmen Sie ein möglichst großes Stück Papier und nicht viele kleine Zettel. Am besten eignet sich ein Bogen Papier im großen Format DIN A3.

4. Schreiben Sie das wichtigste Wort – den Ausgangspunkt oder Anlass aller Überlegungen – in die Mitte des Blattes, und umrahmen Sie dieses Wort mit einem ellipsenförmigen Kreis.

Landkarte Ihrer Gedanken erstellen

5. Zeichnen Sie um diesen Kreis herum einen Kranz von Linien wie Straßen, die aus einem Zentrum (der Ellipse auf der Seitenmitte) herausführen.
6. Schreiben Sie auf diese Straßen, also auf die Linien, all jene Worte, die Ihnen zum Wort im Ellipsenrahmen einfallen.
7. Zu jedem Wort gibt es weitere Einfälle. Jeder Einfall wird als Stichwort (nicht als Satz) auf eine eigene Linie geschrieben – diese Linien sind »Nebenstraßen«, die von der »Hauptstraße« abgehen.
8. Von jeder Nebenstraße können wiederum neue kleine Straßen für neue Worte abzweigen.

Und so geht es immer weiter. Man kann immer noch etwas hinzuschreiben und zuordnen – das ist Mind Mapping®. Und es wird wahrscheinlich nur kurze Zeit erfordern, das Prinzip

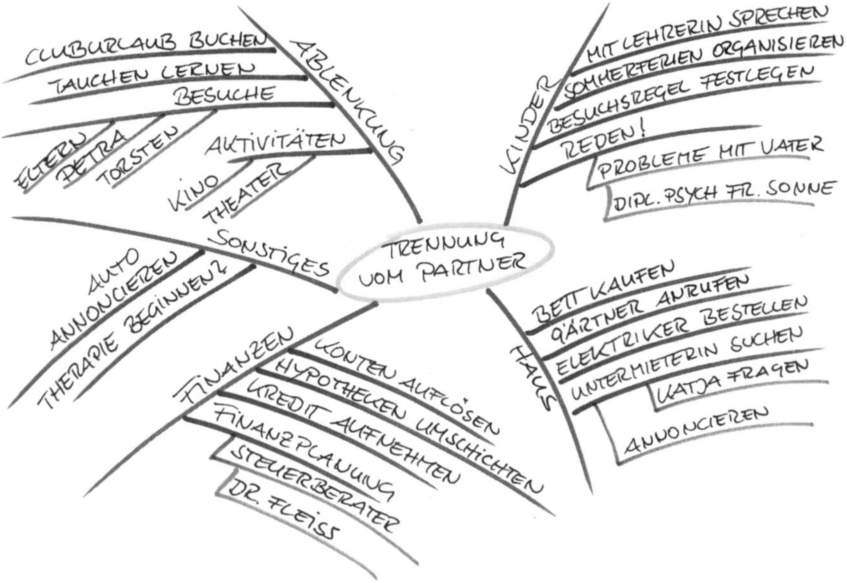

der Mind Maps zu durchschauen und auf die eigenen Bedürfnisse zu übertragen.
Sehr schnell werden Sie feststellen, dass sich unsere Darstellung noch viel weiter verfeinern lässt. Denn Formen, Farben und Strichstärken sind hervorragende Mittel, die Mind Maps zu einem noch besseren Arbeitsmittel zu machen. Sie werden das spüren, wenn Sie die fertige Mind Map als Arbeitsgrundlage für alles, was im Zusammenhang mit Ihrer Scheidung zu bedenken ist, heranziehen und Prioritäten z. B. durch farbige Textmarker kennzeichnen.

Prioritäten einzeichnen

Die Möglichkeiten, auf diese Weise oder durch unterschiedlich geformte Felder eigene Akzente zu setzen, sind nahezu unbegrenzt. Wir haben uns deshalb bei der Gestaltung unserer Vorlagen bewusst auf einige Grundformen beschränkt – Sie werden in der Praxis wahrscheinlich zu ganz anderen Darstellungen kommen. Nur eines bleibt immer gleich: das Grundprinzip. Nach diesem Grundmuster können auch Einzelpunkte im Zusammenhang mit der Scheidung aus dem

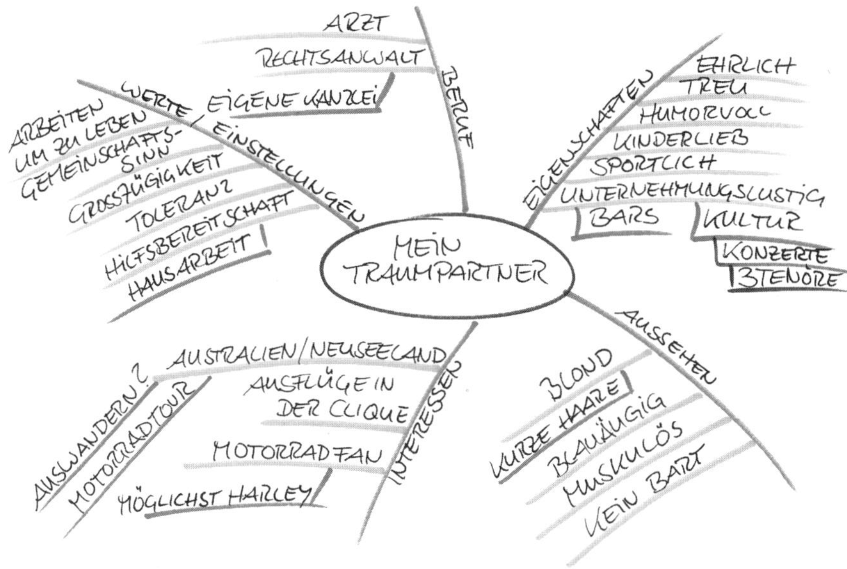

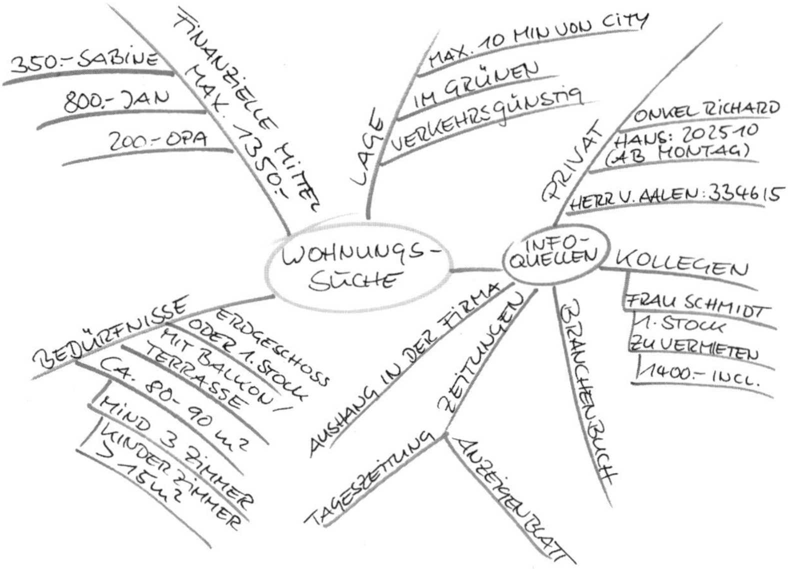

großen Mind Map herausgelöst und separat betrachtet werden. Zunächst möchten wir Ihnen dies am Beispiel des schon in Tabellenform beschriebenen Partnerwunschzettels (siehe Seite 22) darstellen. Vielleicht werden Sie nämlich spüren, dass es gar nicht so einfach ist, diesen Wunschzettel in Tabellenform darzustellen. Dann versuchen Sie es mal nach diesem Muster (siehe Seite 25), das sich dann später in idealer Weise auch mit der bereits gezeigten Tabellenform kombinieren lässt. Zum Sammeln der Gedanken aber bietet dieses Mind Map bessere Möglichkeiten als die Tabelle.

Klaren Kopf behalten

Ich halte diese Gedankenlandkarten gerade in der Scheidungsphase und in der Zeit unmittelbar danach für eine sehr gute Hilfe, weil sich damit das Abrutschen unserer Gedanken vermeiden lässt. Diese Gefahr ist nämlich gerade jetzt besonders groß, weil sich bei vielen auch sachlichen Überlegungen doch plötzlich wieder Ängste und Traurigkeiten einschleichen, die wie lähmend wirken – und alle weiteren »klaren« Gedanken verhindern können.

Nehmen wir das Beispiel Wohnungssuche. Womöglich lenkt Sie schon der Gedanke an die Finanzierbarkeit von Ihrer ursprünglichen Überlegung ab. Plötzlich steht nicht mehr die Frage nach der Wohnung im Vordergrund, sondern die nach dem Geld, nach dem Job – und so gleiten die Gedanken immer weiter weg vom eigentlichen Thema. Mit einem Mind Map jedoch lässt sich der Gedanke an die Finanzierbarkeit festhalten – ohne dass er sofort weiter verfolgt werden muss. Wenn Ihnen dazu etwas einfällt – gut. Wenn nicht – auch kein Problem. Dann gehen Sie über die Nebenstraßen bzw. Hauptstraßen wieder zurück zum Ausgangspunkt und widmen sich wieder der ursprünglichen Aufgabe.

Nehmen Sie sich nicht zu viel auf einmal vor

Vielleicht erinnern Sie sich an den eingangs erwähnten Ratschlag, Ihren Mann nicht zu überfordern. Denn im Gegensatz zu Ihnen ist er auf ein Trennungsgespräch nicht vorbereitet. Deshalb ist es sehr wahrscheinlich, dass Sie für erfolgreiche Gespräche mehrere Anläufe nehmen müssen.
Bei diesen Anläufen sollte es zunächst mal gar nicht darauf ankommen, möglichst viele Detailfragen abzuklären – im Gegenteil. Nehmen Sie sich lieber zu wenig als zu viel vor – und versuchen Sie vor allem nicht, finanzielle Fragen zuerst oder im Hauruckverfahren zu klären. Je mehr Einvernehmen über die Unausweichlichkeit einer Trennung besteht, je mehr sich jeder darüber bewusst ist, dass beide eine faire Scheidung herbeiführen wollen, desto leichter lässt sich später auch über das Geld sprechen.

Gemeinsame Einsicht in die Notwendigkeit der Trennung gewinnen

In den folgenden »Checkkarten Gesprächsstichpunkte« finden sich deshalb die finanziellen Fragen ganz bewusst nicht unter den ersten Punkten, über die gesprochen werden sollte. Allerdings können diese Checkkarten nur eine Anregung sein – für Ihre persönliche Liste, die ganz andere oder viele weitere Stichpunkte haben könnte. Praktikabler, als die Punkte dieser Checkliste untereinander auf einem großen Blatt Papier zu notieren, ist es übrigens, sie auf kleine Karteikärtchen zu schreiben.

Checkkarten mit Gesprächsstichpunkten

1. Stichpunkt: Zukunft
Was wir uns gemeinsam vornehmen könnten

Jeder sollte sich auch später noch auf den anderen verlassen können, wenn es mal Probleme gibt. Keiner will irgendwann mal vom anderen in die Pfanne gehauen werden. Deshalb sollten wir gleich versuchen, fair zum anderen zu sein – und nach Kompromissen suchen, wenn beide unterschiedlicher Meinung sind.

Meine Wünsche	Seine Wünsche

2. Stichpunkt: Freunde/Verwandte
Was wir uns gemeinsam vornehmen könnten

Die Scheidung ist unsere ganz persönliche Sache. Und wir können unsere Angelegenheiten allein regeln – wir brauchen keine guten Ratschläge von anderen. Vor allem aber wollen wir nicht, dass sich andere ungefragt einmischen. Es wird immer jemanden geben, der als Außenstehender aus purer Sensationsgier die Stimmung aufzuheizen versucht. Deshalb wollen wir zunächst mal nicht mit anderen über unsere Trennung sprechen. Wir wollen versuchen, ein Scheidungsteam zu bilden, das gegenüber anderen zusammensteht.

Meine Wünsche	Seine Wünsche

3. Stichpunkt: neue Partner
Was wir uns gemeinsam vornehmen könnten

Wir sollten uns darüber klar sein, dass eventuell schon vorhandene neue Partner keine guten Ratgeber sind, wenn es um unsere Trennung geht. Wir wissen um die Gefahr, dass eine jetzt neue Partnerschaft wieder in die Brüche gehen kann. Und es wäre schade, wenn wir wegen Eifersucht, Neid oder Missgunst des neuen Partners keine faire Scheidung zustande bekämen. Wir kennen uns so gut, dass wir uns unsere Fehler gegenseitig vorsagen können – die unseres neuen Partners kennen wir noch nicht. Aber es gibt keine Menschen, die nicht irgendwelche Fehler haben.

Meine Wünsche	Seine Wünsche

Checkkarten mit Gesprächsstichpunkten

4. Stichpunkt: Trennungszeitpunkt
Was wir uns gemeinsam vornehmen könnten

Wir wollen uns so schnell wie möglich trennen – aber wir werden uns dafür so viel Zeit nehmen, wie nötig ist.
Wir wollen versuchen, eine überstürzte Trennung zu vermeiden, denn die verursacht nur unnötige Kosten, und es wird dadurch schwieriger, die noch offenen Fragen zu klären. Trotzdem sollten wir uns einen gemeinsamen Termin setzen – z. B. einen Dreimonatszeitraum.

Meine Wünsche	Seine Wünsche

5. Stichpunkt: Kinder
Was wir uns gemeinsam vornehmen könnten

Unsere Kinder sollen so wenig wie möglich darunter leiden, dass ihre Eltern nicht mehr miteinander leben wollen. Wir wollen ihnen vermitteln, dass sie durch unsere Trennung nicht einen Elternteil verlieren, sondern ein weiteres Zuhause dazugewinnen. Wir wollen mit den Kindern über die Trennung reden, sobald wir alle Fragen geklärt haben – damit nicht Unsicherheiten entstehen, weil wir selbst in dieser oder jener Frage noch unsicher sind. Die Kinder sollen nicht getrennt werden und bei dem Elternteil bleiben, der sich am besten um sie kümmern kann.
Wir sind uns der Tatsache bewusst, dass die eigenen Wünsche der Kinder – abhängig vom Alter – nicht in vollem Umfang zu berücksichtigen sein werden.
Deshalb werden wir unsere Entscheidungen den Kinder gegenüber gemeinsam vertreten und das Sorgerecht gemeinsam ausüben. Wir müssen darauf gefasst sein, dass die Kinder uns auch mal gegeneinander ausspielen wollen – das aber sollten wir nicht zulassen, daher den Kindern weiter als Elternpaar gegenübertreten.
Die Kinder werden deshalb in Zukunft unser stärkstes Bindeglied sein – und Ansporn für unser faires Verhalten dem jeweils anderen gegenüber.

Meine Wünsche	Seine Wünsche

Checkkarten mit Gesprächsstichpunkten

6. Stichpunkt: Wohnung **Was wir uns gemeinsam vornehmen könnten** Wir wollen uns nicht darum streiten, wer die bisherige Wohnung behält und wer sich eine neue suchen wird. Wir werden versuchen, eine rationale Lösung zu finden und dabei folgende Punkte zu berücksichtigen: Wer mit den Kindern zusammenlebt, sollte nach Möglichkeit auch die Wohnung behalten. Außerdem wollen wir die finanziellen Möglichkeiten berücksichtigen oder z. B. Vorteile beim Arbeitsweg. Und wenn wir uns nicht einigen können, sollte vielleicht sogar ein Münzwurf entscheiden.	
Meine Wünsche	**Seine Wünsche**

7. Stichpunkt: gemeinsamer Besitz **Was wir uns gemeinsam vornehmen könnten** Wir wollen alles, was wir uns in der Ehe gemeinsam angeschafft haben, gerecht teilen – unabhängig davon, wer welche Sachen bei der Anschaffung in unserer Ehezeit bezahlt hat. Wenn wir uns bei der Verteilung nicht einigen können, wäre z. B. ein Losentscheid möglich.	
Meine Wünsche	**Seine Wünsche**

8. Stichpunkt: Finanzen **Was wir uns gemeinsam vornehmen könnten** Ebenso wie beim gemeinsamen Besitz wollen wir auch bei Vermögen und Schulden verfahren. Bei der Aufteilung von Geldanlagen wollen wir überstürzte Kündigungen vermeiden, weil daran nur Versicherungen oder Banken verdienen und wir uns selbst schaden. Wer wegen seiner finanziellen Leistungsfähigkeit gemeinsame Schulden übernimmt, bekommt dafür einen Ausgleich aus dem gemeinsamen Besitz.	
Meine Wünsche	**Seine Wünsche**

Checkkarten mit Gesprächsstichpunkten

9. Stichpunkt: Unterhalt
Was wir uns gemeinsam vornehmen könnten
Jeder soll so schnell wie möglich für seinen eigenen Lebensunterhalt sorgen und die Hilfe des anderen nur so lange und in dem Umfang in Anspruch nehmen, soweit dies unbedingt erforderlich ist.

Meine Wünsche	Seine Wünsche

10. Stichpunkt: Scheidungsverfahren
Was wir uns gemeinsam vornehmen könnten
Wir wollen nicht Anwälte oder den Staat an unserer Trennung verdienen lassen und deshalb so viele privatrechtliche Vereinigungen wie möglich schließen. Wir wollen uns gemeinsam mit einem Anwalt beraten, der uns Tipps und Hinweise zu Lösungen geben kann, wenn wir in einzelnen Fragen selbst nicht weiterkommen. Mittelwege, die ein Gericht in seinen Urteilen vorschreiben könnte, sind wir auch selbst in der Lage zu finden.

Meine Wünsche	Seine Wünsche

Der grösste Erfolg: die gemeinsam erarbeitete Scheidung

Nachdem Sie das Prinzip der Mind Maps kennen gelernt haben, ließen sich die einzelnen Checkkarten zu den Gesprächsstichpunkten natürlich auch in Form der Gedankenlandkarte darstellen oder zumindest vorbereiten. Allein – aber noch besser wäre es mit dem Partner.

Eine gemeinsame Basis erarbeiten

Denn wenn es schon um das Thema Scheidung geht und Sie ihm dazu auch noch vorbereitete Tabellen und Checklisten auf den Tisch legen, wäre das wohl kaum der psychologisch klügste Weg. Wenn es aber doch die Möglichkeit gibt, gemeinsam eine Gedankenlandkarte zu erarbeiten, in deren ellipsenförmigem Zentrum das Stichwort »unsere Trennung« steht, und dieses dann gemeinsam ergänzt wird, kann damit mehr Vertrauensbildung erreicht werden als durch viele wortreiche Beteuerungen.

Entscheidend ist dabei die Erkenntnis, dass Sie beide sich gemeinsam eine einvernehmliche, faire Trennung erarbeiten können. Wenn sich dieses Gefühl erst einmal eingestellt hat, ist der wichtigste Grundstein für eine »harmonische Scheidung« gelegt. Und sosehr Ihre Partnerschaft auch in die Disharmonie abgerutscht sein mag: Die Aussicht, zumindest bei den Scheidungsvereinbarungen noch Harmonie zu erreichen, kann eine sehr starke Basis bilden. Zumindest unbewusst werden die meisten Männer dem normalen Harmoniebedürfnis folgen und nach diesem Strohhalm der harmonischen Scheidung greifen – wenn er ihnen denn hingehalten wird. Dies aber liegt – wie in zwei von drei Scheidungsfällen – vor allem an Ihnen.

Harmonie in den Vordergrund stellen

Wie schwer es sein kann, auf eine sanfte Scheidung hinzuarbeiten, Kränkungen, Enttäuschungen, Eifersucht, Wut und all die anderen Gefühle einfach wegzustecken – das weiß nur, wer es bereits einmal erlebt hat. Und trotz aller eigener Bemühungen wird es oft nicht möglich sein, mit dem Partner sachlich zu reden, vernünftige und für beide tragbare Vereinbarungen herbeizuführen. Dann bleibt eventuell nur die ungewollte streitige Auseinandersetzung mit der knallharten Durchsetzung der in den entsprechenden Kapiteln dieses Buches dargestellten Ansprüche. Aber, und das soll der Schlusssatz dieses Kapitels sein: Es wäre schade, wenn der einvernehmliche Weg nicht zumindest einmal ausprobiert worden wäre.

Enttäuschte Gefühle wegstecken

Einvernehmliche oder knallharte Vereinbarungen vor Gericht

Ganz gleich, ob sich eine einvernehmliche Scheidung herbeiführen lässt oder ob jede Kleinigkeit vom Gericht geregelt werden muss: Der Gesetzgeber hat eine Reihe von Hürden aufgebaut, die vor der Scheidung genommen werden müssen. Nun mag der Gedanke zwar einleuchtend sein, dass sich alle Beteiligten wichtige Entscheidungen besonders gründlich überlegen sollen und die Hürden bei der Scheidung deshalb ihren Sinn haben. Aber dann bleibt immer noch die Frage offen, warum man relativ leicht heiraten, sich aber nur unter Auflagen wieder scheiden lassen kann.

Leichte Heirat – schwierige Scheidung

Die Antwort dürfte wohl sein, dass die Scheidung zum Zeitpunkt der Verfassung des Bürgerlichen Gesetzbuchs vor rund 100 Jahren noch die von Staat und Kirche ungewollte Ausnahme sein sollte. Und von diesem Grundgedanken sind bis heute noch Reste vorhanden, ungeachtet der zahlreichen Reformen des Scheidungsrechts. So ist denn auch die einjährige »Bedenkzeit« zu sehen, die der Staat allen Scheidungswilligen mindestens vorschreibt. Wobei diese Trennungszeit nur auf dem Papier vorgeschrieben ist.

Expertentipp

Bei einer einvernehmlichen Scheidung spielt die einjährige Trennungszeit praktisch keine Rolle. Es genügt, wenn beide die Trennungszeit bestätigen. Kontrolliert wird dies nicht. Außerdem kann man auch in einer noch gemeinsamen Wohnung »getrennt« gelebt haben.

Bei einvernehmlicher Scheidung keine Trennungszeit

Wichtiges Indiz für eine vollzogene Trennung ist immer noch, dass seitdem kein Geschlechtsverkehr mit dem Nochehepartner mehr stattgefunden hat. Folglich wird dann der

Richter die Angabe zur Trennungszeit im einvernehmlichen Fall zumindest dann anzweifeln, wenn der Zeugungszeitpunkt eines noch aus der Ehe stammenden Kindes rein rechnerisch noch kein Jahr zurückliegen kann.

Ansonsten sind die Vorschriften zur Trennungszeit auch erfüllt, wenn wenigstens Tisch und Bett der Partner voneinander getrennt werden.

Will ein Partner die Scheidung nicht und kann kein Einvernehmen erzielt werden, verlängert sich die Trennungszeit auf drei Jahre. Erst dann gilt die Ehe als gescheitert und kann geschieden werden.

Nun kommt es in der Praxis bei einer streitigen Scheidung zwar kaum vor, dass man sich dann noch drei Jahre das Dach über dem Kopf teilt. Wenn dies aber doch der Fall sein sollte, muss der Scheidungswillige mit nicht unerheblichen Schwierigkeiten rechnen.

Beweisnot bei Trennungszeit in streitigen Fällen

Expertentipp

Im Streitfall kann eine Trennung in derselben Wohnung sehr schwer zu belegen sein. Dies aber wäre dann Aufgabe desjenigen Ehepartners, der die Scheidung unbedingt herbeiführen will.

Überhaupt hat der nicht scheidungswillige Partner eine ganze Reihe von Möglichkeiten, dem anderen Steine in den Weg zu legen.

Aber oft werden diese Hindernisse am Ende für ihn selbst zu Stolperfallen, denn je länger und komplizierter sich das Scheidungsverfahren gestaltet, desto teurer und nervenaufreibender wird es am Ende für beide.

Für den Fall, dass es dem Antragstellenden nicht zumutbar ist, die Trennungszeit von einem Jahr abzuwarten, kann die Ehe auch früher geschieden werden.

Das ist meistens dann der Fall, wenn beispielsweise der andere Partner ständig betrunken ist und/oder zu körperlicher Gewalt in der Beziehung neigt.

Wie der Gesetzgeber die Ehe sieht

Die bürgerliche Ehe ist ein Vertrag, der vor knapp 60 Jahren noch in den §§ 1303 bis 1352 BGB geregelt war. Heute teilen sich die wichtigen Vorschriften bezüglich der Ehe auf verschiedene Gesetze:

- Wie die Ehe begründet wird, findet sich im Ehegesetz. Unter welchen Umständen eine Ehe verboten ist oder nichtig sein kann, steht ebenfalls in besagtem Gesetz. Deshalb musste dort gleich geregelt werden, wie man die Ehe anfechten kann.
- Die Folgen der Ehe dagegen sind im BGB geregelt. Dort gibt es Vorschriften darüber, was die Ehe eigentlich ist, welche Rechtsfolgen sie für die Eheleute hat und was eine eheliche Gemeinschaft im Rechtsverkehr bewirken kann.

Rechtliche Grundlagen

- Auch das Scheidungsrecht ist heute wieder im BGB zu finden, nachdem es in der Zeit zwischen 1946 und 1976 im Ehegesetz Urlaub gemacht hat.
- Ebenfalls im BGB (§ 1626 ff.) finden sich auch die 1998 zuletzt geänderten Vorschriften zum Sorgerecht.

Rein rechtlich gesehen bewertet das Gesetz die Ehe als eine besondere Form des Gesellschaftsvertrags. Die beiden Eheleute verpflichten sich nämlich, während der Ehezeit eine Lebensgemeinschaft herzustellen (§ 1354 BGB). Allerdings ist die Ehe kein Austauschvertrag (wie beispielsweise bei Kauf, Miete u. a.), sondern eine zweiseitige Vereinbarung. Man schließt die Gemeinschaft also nicht, um eine bestimmte Gegenleistung zu bekommen.

Die rechtlichen Folgen der Eheschließung: Güterstände

Versorgerehe

Vorbild für die eheliche Lebensgemeinschaft ist die Versorgerehe. Die Partner teilen sich die Verantwortung für das Erwerbseinkommen einerseits und die Betreuung von Haus und Kindern andererseits. Einer bleibt zu Hause, der andere geht arbeiten. Nachteil: Wer nur zu Hause bleibt, kommt in seinem Beruf nicht voran und gewinnt auch keine Entgeltpunkte für die gesetzliche Rentenversicherung. Von einer betrieblichen Altersversorgung mal ganz zu schweigen. Diese typischen Nachteile sollen durch Gesetze und die Regelungen des ehelichen Güterstands abgemildert werden.

Zugewinngemeinschaft – der gesetzliche Normalfall des Güterstandes

Sie beginnt ganz automatisch mit der Eheschließung, wenn keine anderen Vereinbarungen (Güterstände) getroffen werden, und funktioniert nach folgenden Regeln: Was einem der Partner vor der Ehe gehörte, bleibt sein persönliches Eigentum. Der andere hat keine Ansprüche darauf. Nur was während der Ehe hinzukommt, wird bei einer Trennung auf beide Partner gerecht verteilt. Dies ist dann der so genannte Zugewinnausgleich.

Dieses Modell ist ideal für die arbeitsteilige Versorgerehe, bei der beide Partner gleichberechtigt und vermögensmäßig selbstständig sein und bleiben wollen. Und es ist optimal, wenn das Anfangsvermögen der beiden Partner ziemlich ähnlich ist.

Zum Normalfall hat der Gesetzgeber den Güterstand der Zugewinngemeinschaft auch deshalb erklärt, damit es überhaupt eine Regelung gibt. Folglich beginnt die Zugewinngemeinschaft generell und ganz automatisch mit der Eheschließung, niemand muss dazu noch etwas tun. Soll davon abgewichen werden, muss ein Ehevertrag vor dem Notar geschlossen werden. Das kann vor oder auch noch während der Ehe geschehen. Dann können andere Stände als der einer Zugewinngemeinschaft vereinbart werden.

Abweichung bedarf des Ehevertrages

Individuelle Vereinbarungen zum Güterstand

Abweichend vom Normalfall kann auch Gütertrennung gewählt werden. Dies wäre z. B. dann sinnvoll, wenn einer der beiden Ehepartner riskanten Geschäften nachgeht, für die der andere nicht automatisch mithaften will.

Gütertrennung – was mein ist, ist nicht dein

Konkret bedeutet die Gütertrennung , dass nicht nur vor der Ehe vorhandenes Eigentum persönlicher Besitz des jeweiligen Partners bleibt, sondern auch das, was einer der Partner während der Ehe verdient. Klartext: Es gibt zwar einen gemeinsamen Tisch und ein gemeinsames Bett, aber getrennte Kassen.

Bei der Gütertrennung gibt es zum Ende der Ehe normalerweise keinen Zugewinn- oder Versorgungsausgleich – und zwar unabhängig davon, wer wie viel zum Familieneinkommen beigetragen hat. Geht man davon aus, dass eine nicht berufstätige Frau z. B. durch die Versorgung von Kindern, Mann und Haushalt auch ihren Beitrag zum »Gewinn« geleistet hat, sich dieser aber nicht finanziell beziffern lässt, drohen ihr durch die Gütertrennung erhebliche Nachteile. Auch deshalb hat der Staat diesen Güterstand nicht für den Normalfall der Versorgerehe vorgesehen.

Gütertrennung kann Nachteile bringen

Ein weiterer Güterstand, der ausdrücklich vereinbart werden müsste, ist die Gütergemeinschaft. Sie wäre z. B. dann sinnvoll, wenn während der Ehe nicht mehr mit einem nennenswerten Zugewinn zu rechnen ist, z. B. bei einer Heirat in fortgeschrittenem Alter.

Gütergemeinschaft – alles gehört beiden

Bei diesem Güterstand geht es nicht nur um den Zugewinn aus der Ehezeit, sondern auch alles, was die Gatten vor der Ehe hatten, kommt in einen gemeinsamen Topf. Natürlich zusätzlich zu dem, was sie während der Ehe hinzugewinnen.

Wird außer der Gütergemeinschaft keine ergänzende Vereinbarung getroffen, verwalten Mann und Frau das Vermögen gemeinschaftlich. Das heißt, wenn einer Geld ausgeben will, muss der andere zustimmen. Im Scheidungsfall bedeutet Gütergemeinschaft, dass das gesamte gemeinsame Vermögen unter beiden aufgeteilt wird. Sind die Vermögenswerte zur Eheschließung sehr unterschiedlich, kommt die Gütergemeinschaft einer Schenkung gleich.

Was der Gesetzgeber bei der Scheidung geregelt sehen will

Scheitert die Ehe, sollen die Nachteile der Arbeitsteilung während der Ehezeit wieder ausgeglichen werden. So will es das Gesetz. Aufgeteilt werden müssen dann:

Finanzieller Ausgleich bei Arbeitsteilung in der Ehe

- Das gesamte während der Ehezeit hinzugewonnene bewegliche und unbewegliche Vermögen, also Immobilien ebenso wie Einrichtungsgegenstände, Auto oder Geld
- Die während der Ehezeit erwirtschafteten Versorgungsansprüche (Renten, Sozialversicherung, Anwartschaften) – also das gesamte zukünftige »Vermögen«
- Die in der Ehezeit erworbenen Lasten (Kredite, Unterhaltsansprüche von Kindern oder Verwandten)

Für alle diese Ansprüche gilt das so genannte »Saldo«-Prinzip. Das bedeutet: Wer in einem der Bereiche mehr erworben hat als der andere, muss die Hälfte des überschüssigen Betrags abgeben, damit im Ergebnis (per Saldo) beide gleich viel bekommen.

Das ist aus Sicht des Gesetzgebers deshalb gerecht, weil auf diese Weise die Arbeitsleistungen in Haus und Familie ebenso wie diejenigen im Beruf ausgeglichen werden, obwohl sich normalerweise nur die Leistungen im Job in bare Münze umrechnen lassen.

Beispiel: *Der Mann hätte sich stärker um Haus und Kinder kümmern müssen, wenn dies nicht seine Frau getan hätte. Folge: Dem Mann wäre weniger Zeit zum Geldverdienen geblieben. Für eine Lebensgemeinschaft ist darum immer die Formel 1 + 1 = 3 rechnerisch richtig. Und nach der Trennung geht es darum, dass jeder 1,5 zurückbekommt und nicht mit weniger abgespeist wird.*

Die Rolle des Anwalts bei der Scheidung

Weil die Ehe nur auf Antrag geschieden werden kann und dieser Antrag nur von einem Anwalt gestellt werden darf, muss mindestens ein Anwalt beteiligt sein.

Kein Anwalt für beide Parteien

Dieser Anwalt ist dann allerdings Vertreter des Antragstellers – und er darf nach den Bestimmungen über die anwaltliche Tätigkeit nicht zugleich die Vertretung der Gegenseite übernehmen.
Genau genommen ist es deshalb falsch, von einem »gemeinsamen« Anwalt zu sprechen, wie dies landläufig der Fall ist. Denn der nicht antragstellende Partner zieht ohne Anwalt vors Gericht.

Mit und ohne Anwalt

Wenn sowieso Einverständnis herrscht, ist dies aber praktisch ohne Risiko. Denn alle zu klärenden Fragen können dann im Vorfeld mit dem antragstellenden Partner und seinem Anwalt besprochen werden. Und es ist auch weitgehend ausgeschlossen, dass man dabei etwas übersehen kann. Denn alle zu berücksichtigenden Punkte werden vor Gericht noch einmal durchgesprochen – weil Richter oder Richterin natürlich sichergehen wollen, dass nicht irgendwelche zu klärenden Fragen offen sind, wenn die Scheidung ausgesprochen wird.

Alles wird geklärt

Ein zweiter Anwalt – oft gibt's den zum Nulltarif

In der Praxis kann es aber durchaus vorkommen, dass auch die nicht anwaltlich vertretene Gegenseite in der Verhandlung unerwartet noch einen Antrag stellen muss. Dies könnte z. B. im Rahmen des Versorgungsausgleichs geschehen müssen. Etwa, wenn ein noch nicht genau zu beziffernder Rentenanspruch abgetreten oder darauf verzichtet werden soll.

Nun käme das Verfahren nicht weiter, müsste vertagt werden, weil auch dieser von der Gegenseite zu stellende Antrag wieder von einem Anwalt eingebracht werden müsste. Die Folge wären Kosten und Zeitverluste für alle Beteiligten. Und um die zu vermeiden, gehen viele Familienrichter dann auch schon mal einen ganz unbürokratischen Weg: Sie bitten den zufällig schon auf dem Flur wartenden Anwalt aus einem ganz anderen Verfahren, mal eben den Antrag für die nicht anwaltlich vertretene Gegenseite zu stellen. Mit diesem »Zufalls-Anwalt« wird aber von Jurist zu Jurist sofort vereinbart, dass die kleine Gefälligkeit ohne Berechnung erfolgt. So ist der gesetzlichen Form Genüge getan – zum Nulltarif. Und das Gericht kann sofort weitermachen, muss keine weitere Verhandlung ansetzen. Bei Einigkeit unter den Partnern dauert so eine einvernehmliche Verhandlung vor dem Familiengericht nur Minuten, dann wird die Scheidung ausgesprochen.

Schnelle Scheidung

Gerichtskosten für die Scheidung und eventuelle Folgekosten trägt im Normalfall jeder der beiden Ehegatten zur Hälfte. Nur in besonderen Fällen kann das Gericht andere Regelungen treffen. Das gilt auch für die Anwaltskosten, die normalerweise vom jedem Partner für den eigenen Anwalt zu tragen sind.

Expertentipp

Gerichtskosten fallen an, keine Anwaltsgebühren

Nach diesen Grundsätzen muss also auch derjenige, der die Scheidung nicht beantragt hat, alle Vereinbarungen mit seinem Partner privatrechtlich getroffen hat und auf den Anwalt verzichtet, einen Teil der Gerichtskosten tragen. Wegen seines Verzichts auf den Anwalt hat er aber keine weiteren Kosten zu tragen.

Die Juristen können sich allerdings fein die Hände reiben, wenn es richtig zum Streit um Zugewinn oder Versorgungsausgleich, Sondervermögen und andere Details kommt. Das treibt in jedem Fall die Streitwerte hoch – und lässt die Honorare steigen. Denn sowohl die Gerichts- als auch die Anwaltskosten richten sich nach dem Streitwert, also dem Vermögen, das in der Verhandlung streitig aufzuteilen ist.

Wie hoch sind die Gerichtskosten bei einer Scheidung?

Bevor sich ein Gericht überhaupt mit einer Sache beschäftigt, muss der scheidungswillige Antragsteller erst einmal einen großen Teil der zu erwartenden Kosten gezahlt haben: den Prozesskostenvorschuss, der aus den zu erwartenden Verfahrenskosten besteht. Darauf wird einen der Anwalt gleich aufmerksam machen – denn ohne Prozesskostenvorschuss kann Ihrem Partner die Klage nicht zugestellt werden!

Ohne Prozesskostenvorschuss geht nichts

Wie hoch der Vorschuss sein muss, kann man sich aber auch selbst ausrechnen, denn aus dem Gerichtskostengesetz ergeben sich Faktoren, die zusammen mit den vom Streitwert abhängigen Gebühren die echten Kosten erkennen lassen. Ungefähr zumindest, denn auf die reinen Gerichtskosten werden noch Auslagen und Erstattungsansprüche des Gerichts geschlagen.
Insgesamt funktioniert die Berechnung von Gerichtskosten also folgendermaßen.

Rechenmuster: Gerichtskosten		
Anzahl der Gebühreneinheiten (je teurer die Handlungen, desto mehr Einheiten kommen zusammen)	× (mal)	**Wert einer Gebühreneinheit** (je höher der Streitwert, desto höher der Wert einer Gebühr)
+ (plus)	1. Auslagen des Gerichts 2. Schreib- und Kopierkosten 3. Sonstiges	
=	Summe, die Sie aufbringen müssen, wenn Sie verlieren und am Ende des Verfahrens die Kostenlast aufgebürdet bekommen.	

Bei Auslagen und Erstattungen sind in den Gesetzen und Verordnungen entweder Fest- oder Rahmengebühren vorgesehen. Das bedeutet für Sie: Von Festgebühren darf der Rechtspfleger nicht abweichen, die werden immer in dieser Höhe verlangt. Bei Rahmengebühren dagegen werden die Kosten individuell bestimmt. Je nach Aufwand und der persönlichen Leistungsfähigkeit der Streitparteien. Dabei geht man vom Mittelwert des Rahmens aus und weicht nach oben oder nach unten ab.

Auslagen des Gerichts sind umgehend zu begleichen

Da kann eine einfache Fotokopie schon mal zwei DM kosten statt der zehn Pfennige, die Sie im nahe gelegenen Copyshop dafür ausgeben müssen. Apropos zahlen: Diese Auslagen müssen dem Gericht sofort erstattet werden, sobald sie entstanden sind. Zum Glück für Sie nicht im Voraus.

Wie der Streitwert berechnet wird

In jedem Fall entscheidet am Ende des Verfahrens das Gericht verbindlich über den Streitwert und die Kostenverteilung. Dabei setzt das Gericht den Streitwert nach billigem Ermessen fest (§ 3 Zivilprozessordnung). Und das bedeutet, das Gericht versucht, bei der Festsetzung gerecht zu sein. Relativ leicht ist die Ermittlung des Streitwertes noch, wenn es wie beim Zugewinnausgleich um einen konkreten Betrag geht. Da wird einfach dieser als Streitwert eingesetzt.

Schwierig ist es immer dort, wo es nicht um eine einmalige, genau zu bestimmende Geldsumme geht. Dazu gibt es einige gesetzliche Vorgaben:

- In allen Ehesachen werden die Einkommensverhältnisse aus dem Nettoverdienst der Eheleute in den vergangenen drei Monaten bestimmt. Der Streitwert beträgt aber immer mindestens 4.000,– DM.
- Bei Renten, Unterhaltszahlungen, sonstigen wiederkehrenden Leistungen (§ 17 Abs. 1 GKG, anders § 9 ZPO) wird die Summe herangezogen, die in einem Jahr anfallen würde. Schuldet also ein Vater seiner Tochter einen Unterhalt von 450,– DM monatlich, ist der Streitwert 12 mal 450,– DM, also 5.400,– DM.

Ausnahme: Sind die Leistungen sind von vornherein befristet, wird maximal der noch ausstehende Betrag als Streitwert eingesetzt.

- Streiten sich die scheidenden Eheleute um eine Kindschaftsangelegenheit, z. B. um das Sorgerecht, beträgt der Streitwert nur 1.500,– DM.
- Bei allen Angelegenheiten, die keinen Vermögenswert haben, wird ein Betrag festgelegt, den der Richter nach freiem Ermessen festsetzt. Obergrenze ist dabei ein Wert von zwei Millionen DM.

Aus dem insgesamt immer noch mehr oder weniger aus der Luft gegriffenen Streitwert lässt sich ermitteln, wie teuer eine Gebühreneinheit des Gerichts ist.

Streitwert bedingt Gebühreneinheit

Wenn auf diese Weise der Wert einer Gebühreneinheit feststeht, wird anschließend nach dem bereits dargestellten Muster (siehe Seite 41) multipliziert.

Blitzübersicht: Gerichtsgebühren

Streitwert bis … DM	**Gebühreneinheit** (Anl. 2 zu § 11 Abs. 2 GKG)	**Streitwert** bis … DM	**Gebühreneinheit** (Anl. 2 zu § 11 Abs. 2 GKG)
600,– DM	50,– DM	12.000,– DM	265,– DM
1.200,– DM	70,– DM	14.000,– DM	295,– DM
1.800,– DM	90,– DM	16.000,– DM	325,– DM
2.400,– DM	110,– DM	18.000,– DM	355,– DM
3.000,– DM	130,– DM	20.000,– DM	385,– DM
4.000,– DM	145,– DM	25.000,– DM	430,– DM
5.000,– DM	160,– DM	30.000,– DM	475,– DM
6.000,– DM	175,– DM	35.000,– DM	520,– DM
7.000,– DM	190,– DM	40.000,– DM	565,– DM
8.000,– DM	205,– DM	45.000,– DM	610,– DM
9.000,– DM	220,– DM	50.000,– DM	655,– DM
10.000,– DM	235,– DM	60.000,– DM	715,– DM

Den Multiplikationsfaktor erhält man aus einer weiteren Tabelle, die bestimmten Verfahrenshandlungen in verschiedenen Instanzen einen Gebührenwert zuordnet. Diese Tabelle ist als Anlage zum Gerichtskostengesetz erschienen und relativ umfangreich.

Ein Urteil kostet z. B. drei Gebühreneinheiten

Soll, wie bei der Scheidung erforderlich, ein Urteil gesprochen werden, kostet dies allerdings drei Gebühreneinheiten. Das ist übrigens auch der Satz, nach dem der gerichtliche Prozesskostenvorschuss berechnet wird!

Und so geht es dann immer weiter, wobei folgende Regeln gelten:

- Bis 100.000,– DM Streitwert steigen die Gerichtskosten für jede weiteren 10.000,– DM um 60,– DM.
- Bis 400.000,– DM Streitwert steigen die Gerichtskosten für jede weiteren 30.000,– DM um 200,– DM.
- Bis eine Million DM Streitwert steigen die Gerichtskosten für jede weiteren 60.000,– DM um 295,– DM.
- Bei Streitwerten über einer Million steigen die Gerichtskosten für jede weiteren 100.000,– DM um 300,– DM.

Je teurer der Streitwert, desto billiger wird im Verhältnis dazu das Gericht.

Am Anfang der Tabelle (siehe Seite 43) beträgt die Gebühr fast zehn Prozent des Streitwerts, am Ende hingegen nur etwas mehr als ein Prozent.

So viel verlangt der Rechtsanwalt als Honorar

Alle Anwälte arbeiten nach der Bundesrechtsanwaltsgebührenordnung (BRAGO). Die Juristen dürfen also nicht so viel verlangen, wie sie wollen.

Eine normale Beratung kostet beispielsweise zwischen 20,– und höchstens 350,– DM.

Natürlich wird einen niemand daran hindern, unter Umständen mehr zu bezahlen. Allerdings muss sich der Anwalt dann aber unterschreiben lassen, dass sein Mandant damit einverstanden ist.

⚡ Blitzübersicht: Anwaltsgebühren bei gerichtlicher Vertretung (in DM)

Streit-, Gegen-standswert	Fertig-stellung	Verhand-lung vor Gericht	Beweis-aufnahme	Urteil vor Gericht
600,–	50,–	50,–	50,–	50,–
1.200,–	90,–	90,–	90,–	90,–
1.800,–	130,–	130,–	130,–	130,–
2.400,–	170,–	170,–	170,–	170,–
3.000,–	210,–	210,–	210,–	210,–
4.000,–	265,–	265,–	265,–	265,–
5.000,–	320,–	320,–	320,–	320,–
6.000,–	375,–	375,–	375,–	375,–
7.000,–	430,–	430,–	430,–	430,–
8.000,–	485,–	485,–	485,–	485,–
9.000,–	540,–	540,–	540,–	540,–
10.000,–	595,–	595,–	595,–	595,–
20.000,–	945,–	945,–	945,–	945,–
30.000,–	1.105,–	1.105,–	1.105,–	1.105,–
40.000,–	1.265,–	1.265,–	1.265,–	1.265,–
50.000,–	1.425,–	1.425,–	1.425,–	1.425,–
100.000,–	2.125,–	2.125,–	2.125,–	2.125,–
500.000,–	4.225,–	4.225,–	4.225,–	4.225,–

Expertentipp

Pauschal- oder Erfolgshonorare, wie man sie aus vielen amerikanischen Justizserien kennt, sind deutschen Anwälten nach der Rechtsanwaltsordnung verboten. Wenn man zum Anwalt geht, sollte man sich zunächst für alle seine Tätigkeiten das Kostenrisiko erklären lassen, ebenso die zu erwartenden Gerichtskosten.

Sonderpreise sind nicht zulässig

Kosten in der Beratungssituation

Im Unterschied zum gerichtlichen Streitwert bestimmt sich das Anwaltshonorar vorerst nach dem Anliegen, das Sie dem Anwalt vortragen. Das ist der Gegenstand, mit dem er sich beschäftigen soll. Deshalb heißt dieser Wert Gegenstandswert. Ob und in welcher Höhe es anschließend zum Prozess – und damit zu einem Streitwert – kommt, ist ja in der Beratungssituation meist noch völlig offen, denn der Anwalt weiß noch nicht, ob und in welchen Punkten Sie sich mit dem Partner ohne gerichtliche Hilfe einigen können.

Normalerweise allerdings sind Streit- und Gegenstandswert gleich groß. Anders ist es, wenn sich der Mandant im Laufe der Beratung oder der Bemühungen seines Anwalts entschließt, seine ursprünglichen Vorstellungen nur zu einem Teil durchzusetzen. Das wäre der Fall, wenn man zunächst privat getroffene Vereinbarungen später doch noch durch gerichtliche Lösungen ersetzen lassen will.

Sind Streit- oder Gegenstandswert bekannt, können die Anwaltskosten aus der Tabelle (siehe Seite 45) entnommen werden. Hinzu kommen noch geringe Auslagenpauschalen und die Mehrwertsteuer.

Die in der Tabelle genannten Beträge für einzelne Tätigkeitsschritte des Anwalts sind entsprechend dem tatsächlichen Verlauf des Verfahrens eventuell zu addieren.

Kein Geld für die Scheidung – dann hilft der Staat

Wer ohne Vermögen ist und sich einen Prozess oder den Gang zum Anwalt nicht leisten kann, hat folgende Möglichkeiten, trotzdem eine Klage auf Scheidung einzureichen oder sich dagegen zu wehren, also sich im Scheidungsverfahren anwaltlich vertreten zu lassen:

1. **Hilfe durch öffentliche Rechtsberatung**
   Rechtsberatung steht jedermann zur Verfügung, wird aber in den einzelnen Bundesländern unterschiedlich angeboten. Normalerweise muss man sich an das Rechtsamt der örtlich zuständigen Verwaltung wenden. Einige Län-

der haben allerdings mehr oder weniger selbstständige Einrichtungen geschaffen, in denen man Rat und die begehrten Beratungsscheine bekommt. Mit einem solchen Schein kann man sich – gegen eine geringe »Schutzgebühr« von etwa 20,– DM – an einen niedergelassenen Anwalt seines Vertrauens wenden.

Beratungsschein

Im Zweifelsfall kann man sich aber auch auf der Geschäftsstelle des örtlichen Amtsgerichts erkundigen, wie man im Fall fehlender Finanzmittel Rechtsberatung in Anspruch nehmen kann.

2. Beantragung von Prozesskostenhilfe

Hier gibt es nun zwei Möglichkeiten dafür, wie die Hilfe des Staates ausfallen kann:

Hilfe vom Staat

a) Es kann ein Ratenkredit mit einer Laufzeit von maximal 48 Monaten gewährt werden. Die Höhe des Kredits ist vom Einkommen oder Vermögen des Antragstellers abhängig.
b) Es kann ein Zuschuss gewährt werden, der die Prozesskosten deckt. Hierbei handelt es sich um eine Sozialleistung. Die Kosten werden also vollständig übernommen und sind nicht zurückzuzahlen.

Die Prozesskostenhilfe (PKH) wird allerdings nur auf Antrag gewährt. Diesen Antrag reichen Sie zusammen mit der Klage oder dem Widerspruch bei Gericht ein. Bevor sich der für Sie zuständige Richter um die Sache kümmert, entscheidet er über den PKH-Antrag.

Vermögensverhältnisse

Danach wird er entscheiden, ob Sie Prozesskostenhilfe als Kredit oder als Geschenk des Staates bekommen. Das hängt – wie gesagt – von Ihren Vermögensverhältnissen ab, die Sie im Antrag dargelegt haben.

So wird Prozesskostenhilfe beantragt

Dafür brauchen Sie ein Formular, das Sie entweder vom Gericht anfordern können oder von Ihrem Anwalt in die Hand gedrückt bekommen.

Dieser Antrag enthält folgende Fragen, die Sie natürlich wahrheitsgemäß beantworten müssen:

Checkliste: Fragen im Antrag auf PKH	
Diese Fragen sind natürlich wahrheitsgemäß zu beantworten.	
	Antworten
1. Um was für eine Klage geht es? Wie hoch ist der Streitwert?	
2. Welche Unterlagen (z. B. Gehaltsnachweise) können Sie vorbringen, um Ihre Ansprüche zu beweisen?	
3. Familienstand? Familienverhältnisse (insbesondere Zahl der Kinder)?	
4. Beruf, Einkommen?	
5. Vermögensverhältnisse (Erbschaften, Grundeigentum etc.)?	
6. Besondere Lasten (Unterhaltsverpflichtungen, Grundstückslasten)?	

Einvernehmliche Trennung per privater Vereinbarungen

Wie schon erwähnt, am preiswertesten und vernünftigsten wäre es, weitgehendes Einverständnis zwischen beiden Partnern herzustellen. Denn die meisten Fragen im Zusammenhang mit der Scheidung lassen sich privatrechtlich durch einfache Vereinbarungen zwischen den Partnern regeln. Nur der Versorgungsausgleich und das Sorgerecht für eheliche Kinder muss vom Familiengericht verhandelt werden. Alle weiteren Vereinbarungen sind frei.

So läuft die einvernehmliche Scheidung ab

Wollen beide Partner geschieden werden, müssen nur zwei Voraussetzungen erfüllt sein:

1. Beide Partner müssen ein Jahr getrennt (von Tisch und Bett) gelebt haben, wobei dies auch in ein und derselben Wohnung möglich ist. Die Ehe gilt dann als gescheitert.
2. Einer der beiden Partner muss den Antrag auf Scheidung stellen – und dafür muss er sich einen Anwalt nehmen. Der andere Partner muss nicht anwaltlich vertreten sein.

Im eigentlichen Scheidungsverfahren vor Gericht muss bei dieser Einvernehmlichkeit nur der Versorgungsausgleich entschieden werden. Alle weiteren Punkte der Ehescheidung können die Partner mit privatschriftlichen Vereinbarungen unter sich regeln. Das betrifft vor allem die folgenden Punkte:

Versorgungsausgleich wird immer vom Gericht bestimmt

- Das Sorgerecht für Kinder soll nach der Neuregelung von 1998 von beiden Elternteilen ausgeübt werden. Es genügt also, vor Gericht zu erklären, dass man hier nach der gesetzlichen Vorgabe verfahren möchte.
- Dem Gericht wird erklärt, dass man sich auf die Unterhaltsansprüche des Kindes geeinigt hat und entsprechende Zahlungen geleistet werden sollen. Das Gericht fragt im Normalfall bei Einvernehmlichkeit nicht einmal nach, wie hoch die Zahlungen ausfallen sollen.
- Dem Gericht wird außerdem erklärt, dass die Unterhaltsansprüche des Ehegatten privat geregelt sind.
- Dem Gericht kann zudem erklärt werden, dass ebensolche privaten Vereinbarungen zum Zugewinnausgleich oder zur Aufteilung von eventuell vorhandenem Sondervermögen getroffen worden sind.

Gehen Sie allerdings davon aus, dass Richter oder Richterinnen den einen oder anderen Punkt im freundlichen Plauderton ein wenig hinterfragen, mal den Antragsteller und mal den Partner fragen. Denn natürlich will sich das Gericht davon überzeugen, dass hier wirklich Einvernehmen vorliegt. Erfahrungsgemäß wird das Gericht vor allem beim wirtschaftlich schwächeren Partner mehrmals nachhaken und hinterfragen, ob er seine Interessen ausreichend gewahrt sieht und damit leben kann.

Interessen des wirtschaftlich Schwächeren werden hinterfragt

Wie können Sie Privatvereinbarungen treffen?

Es gibt keine Formvorschriften dafür, wie die hier angesprochenen Punkte zu klären sind. Deshalb reicht es im Prinzip schon, wenn man sich mündlich über alle Fragen verständigt. Sinnvoller ist es natürlich, wichtige Punkte schriftlich festzuhalten. Dafür genügen wenige Sätze, die abschließend von beiden Partnern unterschrieben werden.

Nur in wenigen Fällen hat der Staat Formvorschriften für vertragliche Vereinbarungen erlassen. So müssen z. B. alle Verträge, die eine geplante Schenkung, Abweichungen von den gesetzlichen Erbregeln oder Grundstücksübertragungen betreffen, von einem Notar beurkundet werden. Ist eine Schenkung bereits durch Übergabe vollzogen, muss dies jedoch nicht mehr notariell geregelt werden.

Nun sollten allerdings die privaten Vereinbarungen von beiden Partnern genau durchdacht und auch auf ihre Tragfähigkeit für die Zukunft hin überprüft werden. Dabei macht es keinen Sinn, dem anderen die Unterschrift abzuluchsen und ihn quasi über den Tisch zu ziehen. Wenn nämlich beim Abfassen solcher Vereinbarungen die Notlage oder die Unkenntnis einer Vertragspartei ausgenutzt und durch Überrumpelung ein eklatantes Missverhältnis von Ansprüchen und Gegenleistungen hergestellt wird, kann es sich bei allen privaten Vereinbarungen um sittenwidrige Verträge handeln, die einer gerichtlichen Überprüfung nicht standhalten.

Expertentipp

Das Gericht kann alle privaten Verträge verwerfen

Ungeachtet der vorliegenden, von beiden Partnern unterschriebenen Vereinbarungen kann später jeder Vertrag geändert werden. Ist dies nicht durch erneutes Einvernehmen möglich, kann einer der Partner dies auf dem Klageweg zu erreichen versuchen und so eine Abänderung mit Gerichtshilfe beantragen.

Bei einer Scheidung ist dies z. B. denkbar, wenn zunächst Unterhaltsverzicht erklärt oder vereinbart wird, obwohl der betreffende Ehegatte normalerweise Ansprüche geltend machen könnte und sich dann durch eine Notlage eine völlig andere Situation als zum Zeitpunkt der Scheidungsvereinbarungen einstellt. Ist dann keine neue, der aktuellen Situation angepasste private Vereinbarung herbeizuführen, könnte durch eine Unterhaltsklage vor Gericht der zunächst getrof-

fene Vertrag für unwirksam und durch eine andere Regelung (per Vergleich oder durch Urteil) ersetzt werden.
Es genügt also nicht, nur für die Scheidungssituation schnell mal Einvernehmen herzustellen, sondern dieses Einvernehmen müsste auch bei allen späteren Veränderungen noch erzielt werden. Wenn nicht, kann auch aus der sanften Scheidung später noch ein streitiges Verfahren werden.

Die streitige Scheidung

Lässt sich kein Einvernehmen bezüglich der einzelnen Scheidungsfragen erzielen oder ist einer der beiden Partner gar nicht zur Scheidung bereit, läuft dies auf streitige Entscheidungen hinaus, die vom Gericht geklärt werden müssen. Im ungünstigsten (weil teuersten und langwierigsten) Fall läuft das Scheidungsverfahren dann in dieser Reihenfolge ab.

Schritte bei der streitigen Scheidung

1. Der scheidungswillige Partner muss einen Anwalt mit dem Antrag auf Scheidung beauftragen.
2. Ist der andere Partner nicht scheidungswillig, muss der Antragsteller eine Trennungszeit von drei Jahren nachweisen können, damit die Ehe als gescheitert gilt.
3. In Ausnahmefällen (körperliche Misshandlung) kann das Gericht das Scheitern der Ehe auch bei kürzerer Trennungszeit feststellen.
4. Das Gericht entscheidet auch ohne besonderen Antrag über den Versorgungsausgleich.
5. Auf Antrag kann das Gericht außerdem eine Entscheidung über die Regelung der elterlichen Sorgepflicht treffen, wenn nicht das gemeinsame Sorgerecht ausgeübt werden soll. Bei dieser Entscheidung soll vorrangig das Kindeswohl berücksichtigt werden, wozu im Normalfall auch eine Stellungnahme des Jugendamts beigezogen wird.

Trennungszeit von drei Jahren bei einem scheidungsunwilligen Partner

6. Im Zusammenhang mit dieser Entscheidung kann das Gericht auf Anregung bzw. Antrag auch das Umgangsrecht des nicht sorgeberechtigten Elternteils mit dem Kind regeln.
7. Das Gericht kann auch auf Antrag durch Anwalt des Scheidungswilligen die Unterhaltsansprüche des Kindes festlegen.
8. Ebenso wird das Gericht auf Antrag die Unterhaltsansprüche ermitteln und regeln.
9. Darüber hinaus wird auch die vermögensrechtliche Auseinandersetzung der Parteien auf Antrag durch das Gericht geregelt, dies betrifft also die Ermittlung und Aufteilung des Zugewinns bzw. die Ermittlung und Aufteilung von eventuell vorhandenen Ansprüchen auf Sondervermögen.

Schon die Vielzahl der hier aufgelisteten Punkte lässt erkennen, dass sich ein streitig betriebenes Verfahren auf nahezu unbestimmte Zeit in die Länge ziehen kann. Wenn um jeden einzelnen Punkt gestritten wird, können Beweisaufnahmen mit Zeugenvernehmungen, Gutachtern und Gegengutachtern erforderlich werden.

Berufung ist möglich

Aber auch nach der Urteilsverkündung kann der Streit noch vor Gericht fortgesetzt werden. Dann nämlich, wenn eine der beiden Parteien mit der richterlichen Entscheidung nicht einverstanden ist und vor die nächsthöhere Instanz zieht, d. h. Berufung einlegt.

Ebenso wie die Kammer für Familiensachen des Amtsgerichts (die allgemein als Familiengericht bezeichnet wird) immer die erste Instanz des Scheidungsverfahrens bildet, ist die Berufungsinstanz in allen Familien- und Sorgerechtsverfahren immer das Oberlandesgericht.

Und das bedeutet nach einer allgemein gültigen Faustregel: Die Zeitspanne bis zum letztgültigen Scheidungsurteil verdoppelt sich ebenso wie die für beide Seiten entstehenden finanziellen Belastungen.

Namensrecht: Was wird nach der Scheidung?

So einfach die Regelungen des Bürgerlichen Gesetzbuchs (§ 1355) zum Ehe- und Familiennamen sind – in der Praxis werfen sie doch eine Vielzahl von Fragen auf. Deshalb sollen die gesetzlichen Vorschriften hier gleich durch praktische Beispiele erläutert werden. Dabei müssen wir aber mit der Eheschließung beginnen, denn darauf bauen alle weiteren Möglichkeiten auf.

Die Namenswahl bei der Heirat

Die Eheleute haben die freie Wahl

Die Brautleute können selbst entscheiden, welchen Familien- oder Ehenamen sie führen möchten. Dies geschieht durch eine entsprechende Erklärung gegenüber dem Standesbeamten. Folgende Möglichkeiten räumt das Gesetz ein:

1. Der bisherige Name des Mannes wird zum Ehenamen.

Beispiel: *Herr Müller heiratet Frau Meier. Sie heißt jetzt ebenfalls Müller, und es hat sich ausgemeiert. Gemeinsame Kinder heißen ebenfalls Müller.*

2. Der bisherige Name der Frau wird zum Ehenamen.

Beispiel: *Aus Herrn Müller wird jetzt Herr Meier, auch gemeinsame Kinder tragen den Namen Meier – Müller verschwindet.*

3. Es gibt keinen Ehenamen – beide behalten ihren zum Zeitpunkt der Eheschließung geführten Namen.

Beispiel: *Herr Müller bleibt Herr Müller, Frau Meier bleibt Frau Meier. Werden gemeinsame Kinder geboren, muss einer der beiden Namen zum Familiennamen erklärt werden. Die Kinder heißen also entweder Müller oder Meier.*

4. Der Ehegatte, dessen bisheriger Name nicht Ehename wird, kann dem Ehenamen seinen Geburtsnamen voranstellen oder anfügen.

Beispiel: *Entscheiden sich beide für den Namen des Mannes und der Ehename wird Müller, kann sich die bisherige Frau Meier für einen Doppelnamen entscheiden: Müller-Meier oder Meier-Müller. Gemeinsame Kinder heißen allerdings nur Müller. Auch Herr Müller kann keinen Doppelnamen für sich beanspruchen, weil sein Name bereits Ehename ist.*

5. Es darf kein schon vorhandener Doppelname zur Bildung eines neuen Doppelnamens herangezogen werden – einer der Bestandteile des Doppelnamens fällt weg.

Kein Dreifachname

Beispiel: *Herr Müller heiratet Frau Meier-Schmidt, die diesen Doppelnamen aus ihrer ersten Ehe trägt. Der Ehename soll Müller sein. Die Frau kann sich nun nicht Müller-Meier-Schmidt nennen oder Meier-Schmidt-Müller. Sie hätte aber die Wahl unter vier anderen Möglichkeiten: Müller-Meier, Meier-Müller, Müller-Schmidt oder Schmidt-Müller. Gemeinsame Kinder tragen auch hier den Ehenamen Müller.*

Die Namenswahl bei der Scheidung

Grundsätzlich muss sich bei einer Scheidung der Name gar nicht ändern. Es bleibt allein den beiden Partnern überlassen, ob sie von den folgenden gesetzlichen Möglichkeiten Gebrauch machen wollen:

1. Die geschiedenen Partner behalten beide ihren Ehenamen. Entsprechend der Wahl bei der Hochzeit kann das also der Name des Mannes, der Frau oder der Doppelname sein. Man muss also auch nicht den hinzugeheirateten Teil eines Doppelnamens wieder ablegen.

2. Derjenige, dessen Name nicht Ehename wurde, kann wieder seinen bis zur Eheschließung geführten Namen annehmen. Der gewählte Familienname des anderen wird wieder abgelegt, bzw. von einem Doppelnamen bleibt nur der selbst eingebrachte Teil.

3. Derjenige, dessen Name nicht Ehename wurde, kann seinen Geburtsnamen heranziehen, um aus dem Ehenamen einen Doppelnamen zu machen.

Hier gilt dasselbe wie bei der Hochzeit (Punkt 4). Es darf ein in der Reihenfolge beliebiger Doppelname gewählt werden. Allerdings ist auch hier die Schaffung eines Dreifachnamens (Hochzeit Punkt 5) ausgeschlossen.

Welche Lösung ist in der Praxis die beste?

Diese Frage stellt sich eigentlich nur, wenn Kinder vorhanden sind. Oft soll dann das Ziel verfolgt werden, dass sich der Name des Kindes auch künftig in den Namen sowohl der Mutter wie des Vaters wieder findet.

Name der Kinder ist maßgeblich

Und außerdem wird gern darauf geachtet, dass sich dies auch nach einer späteren Wiederheirat – vor allem hinsichtlich des Namens der Mutter – fortsetzen lässt. Hier bietet sich der Doppelname als Lösung an.

Beispiel: *Herr Müller und Frau Meier haben sich für Müller als Ehenamen entschieden, so heißen auch die Kinder. Nach der Scheidung könnte Frau Müller einfach diesen Namen behalten und heißt dann genauso wie ihre Kinder.*
Sie könnte aber auch wieder den früheren Namen Meier hinzunehmen, heißt also Meier-Müller oder Müller-Meier – und auch in ihrem Namen findet sich der Familienname der Kinder wieder.
Bei einer erneuten Heirat z. B. mit Herrn Schmidt könnte sie dessen Namen mit ihrem Namensbestandteil Müller verbinden. Dann hieße sie Müller-Schmidt oder Schmidt-Müller – und wiederum wäre der Name der Kinder auch Bestandteil ihres Namens.

Die Kosten der Namensänderung

Im Zusammenhang mit Hochzeit oder Scheidung wird einmalig eine Gebühr von 30,– DM fällig. Zusätzlich muss die Ausfertigung einer Urkunde (beglaubigte Abschrift aus dem Familienbuch) bezahlt werden. Dafür berechnet das Standesamt noch mal 13,– DM.

Die Namensänderung ist mit Kosten verbunden

Und natürlich dürfen Sie die Folgekosten bei Pass-, Personalausweisänderung und dergleichen mehr nicht vergessen.

Gemeinsame Kinder und Sorgerecht

Erst seit 1998 ist das Sorgerecht gesetzlich neu geregelt – wobei das Gesetz keine Überraschungen gebracht hat, sondern lediglich ein in der Praxis längst übliches Verfahren aufgegriffen hat: das gemeinsame Sorgerecht. Vorher nämlich sah das Gesetz vor, dass einem der beiden Elternteile das Sorgerecht zuzusprechen war. Eine Entscheidung des Verfassungsgerichts aber hatte im Gegensatz zum Gesetz erlaubt, dass auch dem Antrag auf gemeinsame Ausübung des Sorgerechts stattzugeben sei. Und dies wurde letztlich durch die Neufassung der entsprechenden Bestimmungen festgeschrieben.

Was Sie über das Sorgerecht wissen müssen

Elterliche Sorge

Was immer so einfach mit dem lapidaren Begriff »Sorgerecht« umschrieben wird, betrifft im Alltag allerdings eine Vielzahl von Entscheidungen. So bestimmen die Eltern bei Ausübung des Sorgerechts z. B. darüber,

- Wo und wie das Kind aufwächst
- Auf welche Schule es geht
- Ob und wie viel Taschengeld es bekommt
- Mit wem es spielen darf
- Ob und welche Verwandte und/oder Freunde besucht werden dürfen bzw.
- Mit wem das Kind nicht verkehren darf

All das gehört zu dem, was die Gesetze unter der elterlichen Sorge verstehen, wenngleich sich das im BGB (§ 1626 Abs. 1) ein wenig anders anhört: Die Eltern haben die Pflicht und das Recht, für das minderjährige Kind zu sorgen (elterliche Sorge). Die elterliche Sorge umfasst die Sorge für die Person

des Kindes (Personensorge, siehe Seite 66) und das Vermögen des Kindes (Vermögenssorge, siehe Seite 67 f.).
Damit ist das Wesentliche schon gesagt: Es bedeutet, dass die Eltern minderjähriger Kinder über alle Angelegenheiten bestimmen dürfen, die das Kind als Mensch in seinem Lebensraum betreffen. Insbesondere dürfen die Eltern Entscheidungen treffen, die das Vermögen des Kindes betreffen.

Wann das Sorgerecht beiden Eltern zusteht

Gemeinsames Sorgerecht

Normalerweise tritt dieser Fall ganz automatisch ein, wenn die Eltern bei der Geburt des Kindes miteinander verheiratet waren. Das Sorgerecht steht aber auch dann beiden Eltern gemeinsam zu, wenn sie später noch geheiratet haben oder wenn sie jeder für sich erklären, dass sie die elterliche Sorge gemeinsam ausüben wollen (Sorgeerklärung). Diese Erklärung muss öffentlich beurkundet werden. Für die Beurkundung ist das Jugendamt zuständig. Rechtsgrundlage dafür ist der geänderte § 59 Abs. 1 Satz 1 Nr. 8 des Achten Buches Sozialgesetzbuch (SGB VIII) – auch als Kinder- und Jugendhilfegesetz bekannt (KJHG). Auch kann ein Familiengericht – beispielsweise nach einer Scheidung – den Eltern das Sorgerecht gemeinschaftlich zusprechen bzw. es bei beiden belassen.

Wann das Sorgerecht einem Elternteil zusteht

Alleiniges Sorgerecht

Dieser Fall kann ebenfalls ganz automatisch eintreten, wenn die Eltern bei der Geburt des Kindes nicht miteinander verheiratet waren, nicht später noch heiraten und keine Sorgeerklärung abgeben. In diesem Fall steht das Sorgerecht der Kindsmutter allein zu (§ 1626a BGB).
Ebenso kann aber auch das Sorgerecht nur einem Elternteil zustehen, wenn die Eltern sich trennen und einer vor dem Familiengericht beantragt, dass ihm das Sorgerecht allein zugesprochen wird (§ 1671 BGB).
Ist das Kind schon älter als 14, darf es so einem Antrag widersprechen. Im Übrigen orientiert sich das Gericht (hoffentlich, denn so will es der Gesetzgeber) daran, was dem Wohl

des Kindes am ehesten entspricht. Ist die Vaterschaft wirksam angefochten dann entfällt das Elternrecht beim vermeintlichen Vater. Den dazu erforderlichen Antrag vor dem Familiengericht können entweder der Mann, das Kind oder auch die Mutter stellen (§ 1600 BGB).

Ehe und Vaterschaft

Dann, wenn die Geburt eines Kindes und die Eheschließung oder die Scheidung zeitlich sehr nahe beieinander liegen, können die gesetzlichen Vorschriften zur Vaterschaft eine besondere Bedeutung bekommen.

Gesetzliche Vorschriften zur Vaterschaft

Vater eines Kindes ist nach § 1592 BGB, wer

1. zum Zeitpunkt der Geburt mit der Mutter verheiratet ist oder
2. die Vaterschaft durch eine Erklärung anerkennt, die beim Jugendamt beurkundet werden kann – das Amt leitet die Erklärung dann an das Standesamt weiter. Diesem Anerkenntnis muss wenigstens die Mutter zustimmen. Ist das Kind 14 Jahre und älter, muss es ebenfalls sein Einverständnis erklären (§ 1596 Abs. 2 BGB)
3. mit der Mutter verheiratet war, aber im Zeitraum von 300 Tagen vor der Niederkunft gestorben ist (§ 1593 Abs. 1 BGB). Das interessiert nun bei einer Scheidung gar nicht. Aber: Das Gleiche gilt auch, wenn die Ehe später für nichtig erklärt wird – hinsichtlich der Abstammungsfrage ist sie dann sozusagen nicht nichtig (§ 1593 Abs. 2 BGB).

Nun kommt es gar nicht so selten vor, dass sich erst Jahre nach der Geburt – nämlich im Zusammenhang mit der Scheidung – Zweifel daran auftun, ob der Mann, zu dem das Kind »Vater« zu sagen gelernt hat, auch wirklich der biologische Vater ist. Für diesen Fall gibt das Gesetz allen Beteiligten die Möglichkeit, die Vaterschaft durch Anfechtung wieder zu beseitigen.

Expertentipp

Eine Vaterschaft kann jederzeit vom Vater, von der Mutter oder vom Kind angefochten werden. Allerdings muss dies innerhalb von zwei Jahren ab dem Zeitpunkt geschehen, zu dem die Zweifel an der Vaterschaft bekannt geworden sind (§§ 1600, 1600b BGB).

Ein Ehemann kann seine Vaterschaft anfechten

Nur der Vollständigkeit halber sei jedoch erwähnt, dass die Zweijahresfrist für den Nachwuchs nur eingeschränkt gilt, solange er noch nicht volljährig ist. Damit sollen die Kinder davor geschützt werden, ihre Rechte allein dadurch zu verlieren, dass sie stillhalten, solange sie mit ihren Eltern zusammenleben müssen. Schließlich richtet sich ihr Anfechtungsrecht immer gegen diejenigen Personen, von denen sie – als Minderjährige – persönlich und wirtschaftlich abhängig sind. Also darf die Frist hier nicht ohne Ausnahme gelten.

Auch ein Kind kann einen Antrag auf Anfechtung der Vaterschaft stellen

Erfährt beispielsweise ein vierjähriges Kind, dass sein Papa erst nach seiner Geburt mit der Mutter zusammengekommen ist, müsste es spätestens mit sechs Jahren die Anfechtung einleiten. Das aber ginge nur, wenn die Mutter sich dafür einsetzt und den Antrag stellt. Also verlängert das Gesetz den Fristbeginn wenigstens auf den Geburtstag, mit dem das Kind sieben Jahre alt wird (§ 1600b Abs. 4 BGB). Das Gleiche gilt für den Fall, in dem das Kind die wahren Umstände seiner Geburt vor seinem 18. Geburtstag erfährt. Hier beginnt die Zweijahresfrist erst an diesem Tag (§ 1600b Abs. 3 BGB).

Was bei adoptierten Kindern gilt

Grundsätzlich können Eheleute ein Kind nur gemeinschaftlich annehmen, nicht einzeln (§ 1741 BGB). Davon gibt es allerdings zwei Ausnahmen:

1. Ein Ehegatte nimmt das Kind seines Partners oder seiner Partnerin als eigenes an. Es wäre ja etwas widersprüchlich, wenn z. B. die Mutter ihr eigenes Kind noch einmal annehmen müsste, auch wenn das nur im Rahmen einer

gemeinsamen Erklärung mit ihrem neuen Ehegatten geschähe.

2. Einer der Eheleute ist geschäftsunfähig oder jünger als 21 Jahre. Hier genügt die Annahme durch den anderen Ehegatten, der aber geschäftsfähig und älter als 25 Jahre sein muss.

Mit der Adoption wird das Kind zum Kind desjenigen, der es angenommen hat. Hat ein Ehepaar das Kind angenommen, gilt es ab diesem Zeitpunkt als gemeinschaftliches Kind. Da das angenommene Kind rechtlich so gestellt werden soll, als wäre es das eigene Kind der Adoptiveltern, gelten folgende Grundsätze.

Alte Verwandtschaftsbande werden gelöst

Das ist bei der Adoption zu beachten:

- Die bisherigen Verwandtschaftsverhältnisse zwischen dem Kind und seinen leiblichen Eltern erlöschen.
- Das Kind ist nach der Adoption im Prinzip nur noch mit den Personen verwandt, mit denen auch seine neuen Eltern verwandt sind.
- Das wirkt sich nicht nur auf die Erbfolge aus, sondern auch auf die Unterhaltspflicht der ursprünglichen Verwandten: Die hat sich mit der Adoption erledigt und lebt auch nicht durch die Scheidung der Adoptiveltern wieder auf.
- Bei der Entscheidung über das Sorgerecht für das Adoptivkind wird im Scheidungsfall genauso verfahren wie bei einem ehelichen Kind.

Entscheidungen zum Sorgerecht

Soll ein gemeinschaftliches Sorgerecht nach der Scheidung beibehalten werden, ist diese Frage praktisch unwichtig. Wenn aber eine Sorgerechtsentscheidung durch das Gericht herbeigeführt werden soll, sieht es anders aus. Dann muss schließlich entschieden werden, welches Urteil dem Wohle des Kindes am meisten dient.

Und da kann es auch für die Eltern wichtig sein zu wissen, was der Staat denn nun ganz genau unter dem Sorgerecht versteht, was er von den Eltern im Einzelnen genau erwartet. Deshalb sollen nachfolgend die entsprechenden Grundsätze erläutert werden.

Dabei darf allerdings nicht verschwiegen werden, dass gerade die Einschätzungen der Jugendämter oft als willkürlich empfunden werden können, weil viele Fragen zur Sorge schlichtweg Auslegungssache sind. Denn allgemein gültige Gesetze gibt es kaum.

Es bleibt als einziger Schutz für die Eltern, dass sich die Rechtsordnung in das Familiengefüge möglichst wenig einmischt. Sämtliche Vorschriften, die sich trotzdem einmischen wollen, sehen allerdings weite Beurteilungsspielräume für die Außenstehenden vor. Sie bauen hohe Hürden vor Entscheidungen, die dem Willen der Eltern oder des Kindes entgegenstehen.

Wohl des Kindes ist abhängig vom Einzelfall

Juristen retten sich hier immer auf einen Kernsatz: »Es kommt auf den Einzelfall an.« Das aber bedeutet nichts anderes, als dass eigentlich keine Regeln gelten.

Rechte des Kindes schränken Elternrechte ein

Schon in dem Gesetz, das den Eltern Sorgerecht und Sorgepflicht zuweist, wird klargestellt, dass die Elternrechte dort aufhören, wo die Rechte des Kindes beginnen (§ 1626 Abs. 2 BGB). Wörtlich heißt es dort: »Bei der Pflege und Erziehung berücksichtigen die Eltern die wachsende Fähigkeit und das wachsende Bedürfnis des Kindes zu selbstständigem verantwortungsbewusstem Handeln. Sie besprechen mit dem Kind, soweit es nach dessen Entwicklungsstand angezeigt ist, Fragen der elterlichen Sorge und streben Einvernehmen an.«

Klar ist, dass sich aus diesem rechtlichen Programmsatz nur in wenigen Ausnahmefällen echte Rechtsfolgen entwickeln lassen. Um Eltern und Richtern Anhaltspunkte für die Entwicklungsstufen eines Kindes zu geben, sieht das Gesetz für bestimmte Entscheidungen Altersgrenzen vor:

- **Ab der Geburt** ist ein Mensch nach dem BGB rechtsfähig, aber geschäftsunfähig. Das heißt, er darf Unterhalt verlangen, und man kann ihm eine Leistung versprechen (Rechtsfähigkeit). Aber das Kind kann und darf keine Verträge schließen und haftet auch nicht für Handlungen, die Schäden verursacht haben.
- **Mit dem siebten Geburtstag** wird ein Minderjähriger beschränkt geschäftsfähig (§ 106 BGB). Auf der unangenehmen Seite steht, dass der Minderjährige nun auch für unerlaubte Handlungen geradestehen muss (§ 828 Abs. 2 BGB) – soweit er vernünftig genug war, das Verbotene oder Gefährliche an seinem Tun zu erkennen. Die beschränkte Geschäftsfähigkeit bedeutet, dass das Kind jetzt Verträge schließen darf, solange ein Erziehungsberechtigter oder der Vormund damit einverstanden ist. Wichtig: Ohne so eine Einwilligung ist ein Vertrag zwischen einem Minderjährigen und z. B. einem Händler von Anfang an unwirksam. Davon aber gibt es zwei Ausnahmen:

Beschränkte Geschäftsfähigkeit

»Taschengeldparagraph«

  a) Der »Taschengeldparagraph« (§ 110 BGB) erlaubt es einem Kind oder Jugendlichen, wirksame Verträge zu schließen, solange er seine Verpflichtungen mit dem Taschengeld bestreiten kann.
  b) Die Einwilligung der Eltern ist auch überflüssig, wenn das Kind aus dem Vertrag nur rechtliche Vorteile erlangt. Deshalb darf das Kind ohne Zustimmung der Eltern beispielsweise Geschenke annehmen, solange die nicht wieder mit weitergehenden Verpflichtungen einhergehen. Man hat lange darüber gestritten, ob ein Minderjähriger ein Grundstück geschenkt bekommen darf, obwohl damit auch Verpflichtungen verbunden sind (z. B. Grundsteuern oder dingliche Lasten). Heute ist man sich aber darin einig, dass bei Grund und Boden die Vorteile gewichtiger sind als die damit verbundenen Nachteile.
- **Mit Vollendung des 14. Lebensjahrs** muss das Kind immer beteiligt werden, wenn es um familiäre Entscheidungen geht. So kann beispielsweise über das Sorgerecht

für ein mindestens 14-jähriges Kind nur entschieden werden, wenn es selbst damit einverstanden ist. Außerdem wird ein Mensch im Sinne des Strafrechts mit 14 Jahren schuldfähig.
Der Staatsanwalt kann also Kinder unter 14 Jahren nicht belangen, ältere als 14 dagegen schon. Für Jugendliche – das sind Menschen zwischen 14 und 18 Jahren (geregelt in § 1 Abs. 2 Jugendgerichtsgesetz) – gilt allerdings der mildere Strafkatalog des Jugendstrafrechts.

Notarielles Testament und Heirat

- **Mit dem 16. Geburtstag** kann ein Minderjähriger ein notarielles Testament errichten. Weiter kann das Familiengericht einem mindestens 16-Jährigen eine Heirat erlauben – sofern der künftige Ehegatte volljährig ist. Ein dem Gesetz nach Minderjähriger kann also mit dem 16. Geburtstag durch das Gericht die Ehemündigkeit erreichen (§ 1 Abs. 2 EheG).
- **Mit dem 18. Geburtstag** ist ein Mensch volljährig. Er kann und darf Verträge schließen, ohne jemanden um Erlaubnis fragen zu müssen. Er unterliegt nicht mehr der elterlichen Sorge, obwohl er noch Unterhaltsansprüche gegen seine Erzeuger haben kann. Er kann sowohl eigenhändige Testamente errichten wie auch nach Gutdünken heiraten.
  Die Kehrseite der Medaille: Ab jetzt ist er für seine Handlungen voll verantwortlich.
- **Mit dem 21. Geburtstag** war zwar nur bis 1975 die Volljährigkeitsgrenze verbunden – diese aber wurde im Strafrecht erhalten. Danach kann ein Mensch zwischen 18 und 21 Jahren als Heranwachsender nach dem Jugendstrafrecht bestraft werden. Dazu muss er aber nach seinem Entwicklungsstand entweder noch Jugendlicher sein, oder es muss sich bei der Tat um ein typisches Jugenddelikt handeln (§ 105 Jugendgerichtsgesetz – JGG).

  Erwachsenenstrafrecht gilt ohne Ausnahme

  Doch mit Überschreiten der Grenze zum 21. Lebensjahr ist es mit der Milde des Gesetzes endgültig vorbei. Ab dieser Altersgrenze gilt ohne Ausnahme das Erwachsenenstrafrecht.

- **Mit 25 Jahren** kann ein Erwachsener ein fremdes Kind als eigenes annehmen. Im Rahmen einer Ehe ist das schon dann möglich, wenn wenigstens einer der Eheleute dieses Alter erreicht hat und der andere nicht jünger als 21 ist.

Wichtiger Prüfpunkt für das Gericht: körperliche Unversehrtheit des Kindes

Dass man Kinder nicht misshandeln darf, scheint so selbstverständlich zu sein, dass kaum jemand darüber nachdenkt. Trotzdem hat sich gerade an dieser Frage ein tiefer gesellschaftlicher Konflikt aufgetan, der auch bei allen Neuregelungen der Gesetze wieder einmal nur mit einem Formelkompromiss umschifft wurde.

Statt den Eltern eine »gewaltfreie Erziehung« vorzuschreiben, erklärt das Gesetz (§ 1631 Abs. 2 BGB) lediglich, dass »entwürdigende Erziehungsmaßnahmen, insbesondere körperliche und seelische Misshandlungen ... unzulässig« sind. Mit der Neuregelung von 1998 ist hier also nicht mehr passiert, als das festzuschreiben, was die Gerichte schon lange praktiziert hatten.

Entwürdigende Erziehungsmaßnahmen sind unzulässig

Nun gibt es zwar immer noch keinen Katalog dessen, was verboten ist. Aber was im Einzelfall als »entwürdigende Erziehungsmaßnahme« anzusehen wäre, lässt sich auf einem Umweg erkennen. Dazu macht es Sinn, einen Blick in genau die Strafgesetze zu werfen, die sich um das drehen, was der Gesetzgeber als »Missbrauch« unter Strafe gestellt hat.

- **sexueller Missbrauch, Vergewaltigung** (§§ 174, 176, 177 StGB): Wer seinem Kind nahe kommt, um sich sexuell zu erregen oder erregen zu lassen, erfüllt bereits die entsprechenden Tatbestände.
- **Freiheitsberaubung** (§ 239 StGB): Wer einen anderen einsperrt oder sonst grundlos in seiner Bewegungsfreiheit einschränkt, macht sich strafbar, wenn die Beschränkungen mit Gewalt durchgesetzt werden und die Freiheitsentziehung widerrechtlich erfolgt. Diese genaue Betrachtung ist notwendig – weil »Freiheitsberaubung« den Eltern auch erlaubt sein kann.

Beispiele: *Wer seinem Kind bei Gewitter das Segeln verbietet, tut nichts Unrechtes. Hier steht im Vordergrund, dass sich das Kind nicht in Gefahr bringen soll. Wird einem Kind Hausarrest angeordnet, um es zum Nachdenken zu zwingen, kann das ebenfalls in Ordnung sein. Wer den Hausarrest allerdings verhängt, um sein Kind zu demütigen oder seinen Willen zu brechen, der bedient sich einer entwürdigenden Erziehungsmaßnahme.*

- **Körperverletzungen,** Gesundheitsbeschädigungen (so heißt es im altertümlichen Gesetzesdeutsch) – das sind Schläge und Prügel, die anhaltende Schmerzen verursachen (§ 223 StGB). Oder es handelt sich um ein bewusstes Verhalten, das dazu führen kann, Krankheiten oder Verletzungen beim Kind länger als nötig zu erhalten (§ 223b StGB).
- **Verletzung der Privatsphäre,** vor allem von vertraulichen Gesprächen, Brief- und Telefonkontakten (vgl. §§ 201, 202, 203 ff. StGB): Nicht selten versuchen Eltern herauszufinden, was das Kind mit Freundinnen und Freunden bespricht. Jedes Kind aber hat ein Recht darauf, eine Privatsphäre zu haben. Wird die von den eigenen Eltern ständig verletzt und das Kind mit den Ergebnissen auch noch konfrontiert, handelt es sich um eine seelische Misshandlung. Es kann sogar strafbar sein, wenn Eltern die Telefonate ihres Kindes aufzeichnen oder abhören und dieses Wissen später gegenüber dem Kind selbst oder gar gegenüber einem Fremden verwenden. Auch wenn sie Briefe öffnen oder auf dem Schreibtisch des Kindes liegende Post einfach lesen, ohne dass ihnen das Kind so etwas erlaubt hat, ist die kritische Grenze überschritten.

Brief- und Telefongeheimnis

Zusammenfassend lässt sich sagen: In Deutschland wird den Eltern nicht vorgeschrieben, wie sie ihre Kinder erziehen sollen, ob autoritär oder antiautoritär. Gelegentliche Ohrfeigen, Taschengeld- und Ausgangssperre sind nicht strafbar. Aber das Gesetz ruft die Eltern dazu auf, bei der Erziehung auf jede Form von Gewalt zu verzichten.

Das Sorgerecht: Was gehört ganz konkret dazu?

Kinder sind wie Gäste, die nach dem Weg fragen

Die Eltern sollen also auf das Recht des Kindes achten, sich seinen eigenen Weg durch die Welt suchen zu können und ihn auch ebnen zu dürfen. Wobei das Bestimmungsrecht der Eltern immer stärker beschränkt wird, je älter das Kind ist. Denn Kinder sind nicht das Eigentum der Eltern, sondern sie gehören sich selbst.

Die Eltern sollen dem Kind aber Hilfe und Führung bei seiner Suche nach dem richtigen Weg und den Entscheidungen geben. Und dabei dürfen die Sorgeberechtigten über alles bestimmen, was das Kind betrifft. Allein oder – soweit der Sprössling vernünftig genug ist – mit dem Kind gemeinsam. Konkret umfasst das die beiden Bereiche der Personen- und der Vermögenssorge.

ϟ Blitzübersicht: Das gehört zur Personensorge

Die Eltern können z. B. entscheiden:

- Welche Kleidung das Kind anzieht
- Wie es sich ernährt
- Wie oft es zum Arzt geht
- Wo es wohnt

  Das gehört zu dem Bereich, den das Gesetz mit der »Pflege« des Kindes meint. Ebenso haben die Eltern zu entscheiden:
- Auf welche Schule das Kind geht
- Wie viel es fernsieht oder lesen darf
- Welche Einrichtungen es außerhalb der Schule besuchen darf und
- In welchen Glauben es hineinwächst sowie
- Welche ethisch-moralischen Gesetze es befolgen soll

  All das fällt in den Bereich, den das Gesetz mit dem Wort »Erziehung« umschreibt. Bleibt noch der Bereich der »elterlichen Aufsicht«. Und dazu gehört z. B. die Entscheidung der Eltern darüber:
- Wie viel Zeit das Kind außerhalb der Familie verbringen darf
- Womit es sich den Tag über beschäftigt
- Mit wem es seine Zeit verbringt

⚡ Blitzübersicht: Genehmigungspflichtige Geschäfte durch das Familiengericht

Grundstücksgeschäfte (§ 1821 BGB): Sobald die Eltern im Namen des Kindes mit Grund und Boden Geschäfte machen, muss das Familiengericht eingeschaltet werden. Ausnahme: Es handelt sich um das Aufnehmen oder Löschen einer Hypothek, einer Grundschuld oder einer Rentenlast.

Vermögensverfügungen (§ 1822 Nr. 1 BGB): Das sind Geschäfte, die das gesamte Vermögen des Kindes betreffen.

Erbschaftsangelegenheiten (§ 1822 Nr. 1, 2 BGB): Wenn das Kind z. B. auf einen Pflichtteil verzichten, eine Erbschaft ausschlagen oder annehmen soll, hat das Gericht ein Wort mitzureden.

Handelsgeschäfte (§ 1822 Nr. 3, 11 BGB): Damit sind die Geschäfte gemeint, mit denen das Kind eine GmbH eröffnen oder erwerben kann, oder mit denen ihm ein Firmenanteil übertragen werden soll.

Langfristige Miet- oder Pachtverträge (§ 1822 Nrn. 4, 5 BGB): Das Gericht entscheidet mit, wenn das Kind ein Grundstück oder einen Betrieb pachten will. Soll das Kind irgendetwas anderes mieten, muss das Gericht nur dann zustimmen, wenn das Kind zum einen in regelmäßigen Abständen Miete zahlen soll und die Laufzeit des Vertrags zum anderen so lang ist, dass das Kind in der Zwischenzeit 19 Jahre alt wird.

Die Vermögenssorge

Soweit das Kind nicht oder nur beschränkt geschäftsfähig ist, entscheiden die Eltern darüber, welche geschäftlichen Vereinbarungen es mit Dritten trifft. Verschenkt ein achtjähriges Kind z. B. sein altes Dreirad an die kleine Schwester eines seiner Freunde, geht das nur mit Zustimmung der Eltern. Auch entscheiden die Eltern, wie hoch das Taschengeld ausfällt. Die Eltern dürfen sogar Geschäfte im Namen und mit Wirkung für das Kind machen, z. B. ein Sparbuch auf seinen Namen eröffnen.

In-sich-Geschäfte sind nicht möglich

Was Eltern allerdings nicht dürfen, sind die so genannten In-sich-Geschäfte. Will ein Vater bei seinem Kind einen Kredit aufnehmen, darf er sein Kind beim Vertragsabschluss nicht vertreten. Wenn so ein Geschäft gemacht werden muss, entscheidet darüber das Familiengericht.

Es gibt darüber hinaus einige Arten von Geschäften, die das Familiengericht immer genehmigen muss (§ 1643 BGB). Das sind wirtschaftliche Entscheidungen der Sorgeberechtigten für ihren Sprössling, bei denen die Gefahr besteht, dass sogar die Eltern eher an ihren eigenen Vorteil denken als an den ihres Kindes. Welche das sind, wird in §§ 1821, 1822 BGB aufgezählt.
Diese Beschränkungen sind natürlich mit dem Tage dahin, an dem das Kind volljährig wird und seine finanziellen Angelegenheiten selbst regeln kann, darf und muss.

In der Praxis oft mühsam: das gemeinsame Sorgerecht

Trotz all dieser Regelungen bleibt aber noch wenigstens eine Frage offen: Was geschieht eigentlich, wenn die Eltern bei der Scheidung das gemeinsame Sorgerecht behalten und sich dann im Alltag über eine wichtige Frage nicht einigen können, obwohl sie ja eigentlich jede Entscheidung nur zusammen treffen können?
Das Gesetz hält sich aus dieser Art von Konflikten so weit wie möglich heraus.

Bei Uneinigkeit hilft das Gesetz nicht weiter

Expertentipp

In § 1627 BGB wird nur vorgeschrieben, dass die Eltern versuchen müssen, sich bei Meinungsverschiedenheiten zu einigen. Und sie sollten sich für die Alternative entscheiden, die das Beste für das Kind ist.

Scheitern die Einigungsversuche, könnte einer der Sorgeberechtigten beim Familiengericht beantragen, dass er die Meinung des anderen übergehen darf. Das Gericht müsste dann versuchen, den Eltern bei ihrem Konflikt zu helfen. Schließlich muss es ohnehin vor jeder eigenen Entscheidung prüfen, ob sich die Eltern ernsthaft bemüht haben, einen Kompromiss zu finden.

Als Nächstes müsste das Gericht selbst herausfinden, welche Entscheidung für das Kind wohl am besten wäre. Natürlich wird danach versucht, den Eltern genau diese Entscheidung nahe zu bringen. Zeigt sich aber einer der Sorgeberechtigten absolut uneinsichtig, kommt es notgedrungen zu einem Urteil.

Das Wohl des Kindes steht immer im Vordergrund

Das Urteil läuft jedoch nie darauf hinaus, dass die Entscheidung des Gerichts an die Stelle der Elternwünsche gesetzt wird. Vielmehr sucht sich das Gericht einen der Sorgeberechtigten aus, dem die Entscheidungsbefugnis in dieser Frage allein übertragen wird.

Und damit auch nichts schief geht, kann das Gericht die Entscheidungsbefugnis so stark einschränken, dass der Sorgeberechtigte nur tun darf, was – nach Auffassung des Gerichts – das Beste für das Kind ist.

Nicht jede Entscheidung müssen beide Eltern treffen

Bei getrennt lebenden Sorgeberechtigten ist eine Einigung zwischen beiden nur in den Fragen nötig, die für das Kind von erheblicher Bedeutung sind (§ 1687 BGB). In Fragen des täglichen Lebens aber darf derjenige, bei dem das Kind lebt, normalerweise ganz allein entscheiden. Im Klartext: Häufig zu treffende Entscheidungen, die keine schwer abzuändernden Auswirkungen auf die Entwicklung des Kindes haben (§ 1687 Abs. 1 Satz 3 BGB), muss der andere Elternteil nicht absegnen.

Fragen des täglichen Lebens entscheidet der betreuende Elternteil

Für die Praxis bedeutet diese Bestimmung, dass der betreuende Elternteil in alltäglichen Fragen wie z. B. der Kleidung, der Art der Ernährung, der geeigneten Fernsehsendungen, der täglichen Schlafenszeit oder abendlichen Ausgeherlaubnissen usw. allein entscheidet. Bei den selteneren und wichtigen Entscheidungen wie z. B. bei der Schulwahl, der Wahl des Wohnortes (Land), der Erlaubnis zur Teilnahme an Klassenfahrten oder Auslandsreisen, der Erlaubnis zur Aufnahme eines Taschengeldjobs aber muss der andere Elternteil wenigstens gefragt werden.

Können sich die Eltern oder Sorgeberechtigten dann nicht auf eine Entscheidung einigen, kann einer von beiden das Familiengericht einschalten.

Expertentipp

Das Gericht greift ein

Wenn der andere Elternteil dies will und entsprechend beantragt, kann das Familiengericht die Befugnisse eines Elternteils ganz aufheben oder empfindlich einschränken.

Von sich aus schiebt das Gericht dem gemeinsamen Sorgerecht keine Riegel vor. Und selbst wenn der Antrag eines Elternteils darauf hinausläuft, dem anderen Teil das Erziehungsrecht vollständig zu entziehen, so kennt das Gericht nur einen Maßstab: Das Wohl des Kindes.

Besonderer Knackpunkt bei der gemeinsamen Sorge: das Umgangsrecht

Jeder kennt die Situation von Scheidungskindern: Der Nachwuchs lebt üblicherweise bei einem Elternteil, meistens bei der Mutter. Diese aber darf dem Kind nicht verbieten, die Beziehung zum Vater in der vom Kind gewünschten Form aufrechtzuerhalten.

Alte Bezugspersonen sind wichtig

Mit den gesetzlichen Neuregelungen ist dieses Umgangsrecht zugunsten des Kindes sogar noch erweitert worden. Es erstreckt sich jetzt auf alle Bezugspersonen, die im Leben des Kindes eine Rolle spielen oder gespielt haben. Im Gesetz werden ausdrücklich genannt:

- Die Eltern, und zwar jeder Elternteil (§ 1684 BGB)
- Die (früheren) Ehegatten eines Elternteils, mit denen das Kind zusammengelebt hat (§ 1685 Abs. 2 BGB)
- Die Geschwister (§ 1685 Abs. 1 BGB)
- Die Großeltern (§ 1685 Abs. 1 BGB)
- Die Personen, bei denen das Kind früher in Familienpflege gelebt hat (§ 1685 Abs. 2 BGB)

Das Umgangsrecht kann nur eingeschränkt werden, wenn es für das Kind besser ist, bestimmte Bezugspersonen nicht

mehr zu sehen (§ 1684 Abs. 2 BGB). Dies müsste der betreffende Elternteil gegebenenfalls aber auch vor dem Familiengericht beweisen können.
Für die Eltern ist der Umgang mit dem Kind nicht nur ein Recht, sondern neuerdings auch eine Pflicht (§ 1684 Abs. 1 BGB). Dazu gelten folgende Grundsätze:

Negative Einflussnahme vermeiden

- Jeder Elternteil soll alles unterlassen, was das Verhältnis zwischen dem Kind und dem anderen Elternteil erschwert (§ 1684 Abs. 2 BGB). Also sollte man mit Gerüchten und Geschichten über den Expartner zurückhaltend sein. Klar ist, dass es sich bei dieser Vorschrift in erster Linie um einen Appell an die Eltern handelt. Es ist kaum zu erwarten, dass ein Gericht Zwangsmittel verhängen wird, um das mit Gewalt durchzusetzen.
- Jeder Elternteil soll alles unterlassen, was die Erziehung des Kindes erschwert (§ 1684 Abs. 2 BGB). Damit drückt das Gesetz den Wunsch aus, dass sich beide Eltern nach wie vor an der Erziehung beteiligen. Nicht selten kommt es vor, dass der betreuende Teil die Rolle des Buhmanns übernimmt, weil sämtliche Gebote und Verbote von ihm ausgehen, während der andere Teil die Gönnerrolle spielt.

Diese Verhaltensregeln können jedoch nur praktische Folgen haben, wenn einer der Sorgeberechtigten seine Rolle gegenüber dem Kind bewusst dazu nutzt, den anderen auszubooten.

Was bei der Berufsausbildung zu berücksichtigen ist

Wünsche des Kindes achten

Die Berufswahl ist eine Entscheidung, die den gesamten Lebensweg des Kindes beeinflussen wird. Die Eltern sind deshalb gesetzlich (§ 1631a BGB) verpflichtet, auf eigene Vorstellungen des Kindes Rücksicht zu nehmen. Hohen Stellenwert haben deshalb

- Eigene Wünsche des Kindes, denen sich die Eltern nicht grundlos widersetzen dürfen
- Fähigkeiten des Kindes, denen die Berufswahl gerecht werden soll

Im Zweifel sollten sich die Eltern mit Lehrern oder Ausbildern des Kindes zusammensetzen und mit diesen Fachleuten intensiv besprechen, für welchen Beruf sich der Sprössling am ehesten eignet.

Allerdings gibt es für die wirklich außergewöhnlichen Situationen eine Notbremse, die z. B. das Kind selbst ziehen kann. Dazu muss allerdings eine ganze Latte von Voraussetzungen erfüllt sein. Erst wenn alle gegeben sind, kann das Familiengericht die Eltern ausbooten und eine eigene Entscheidung zugunsten des Kindes treffen. Nach § 1631a Abs. 2 BGB gilt dies, wenn

- Keine Rücksicht auf die Eignung und Fähigkeiten des Kindes genommen wird und
- Zu befürchten ist, dass die Entwicklung des Kindes schwer und nachhaltig behindert wird

Unter diesen Voraussetzungen kann das Familiengericht dann die Entscheidung der Eltern aufheben und durch ein eigenes Urteil ersetzen.

Das beträfe z. B. die Zustimmung der Eltern zu einem Arbeits- oder Ausbildungsvertrag, der bei Minderjährigen ohne die Unterschrift der Eltern nicht wirksam wäre.

Vorstellungen des Kindes nicht ignorieren

Es reicht also nicht aus, wenn sich Eltern und Kind nicht einigen können. Es muss vielmehr ganz offensichtlich sein, dass die Eltern die Vorstellungen des Kindes ignorieren, indem sie beispielsweise mit dem Kind überhaupt nicht besprechen, wo tatsächlich seine eigenen Vorlieben und Interessen liegen.

Doch noch nicht einmal das reicht letztendlich aus. Zusätzlich muss das, was die Eltern unternehmen oder unterlassen, für die künftige Entwicklung des Kindes wirklich schwere und dauerhafte Nachteile bedeuten.

Heikles Thema Taschengeld

Ob und wenn ja wie viel Taschengeld ein Kind bekommt, ist grundsätzlich Sache der Eltern. Ein Rechtsanspruch des Kindes auf Taschengeld besteht jedenfalls dann nicht, wenn die Eltern bereits umfassend für den Lebensunterhalt sorgen.

Allerdings sollte schon aus erzieherischen Gründen Taschengeld gezahlt werden, damit die Kinder den Umgang mit eigenem Vermögen lernen. Dann aber steht das Geld den Kindern zur eigenen Verwaltung zur Verfügung. Sie können und sollen damit machen, was sie für richtig halten.
Es wird allgemein empfohlen, die Höhe des monatlichen Taschengeldes am Regelbedarf (nach der entsprechenden Verordnung von 1998, BGBl. I S. 668, gültig bis 1. 7. 2001) für den Lebensunterhalt eines Kindes zu orientieren, und zwar nach folgenden Sätzen.

Blitzübersicht: Taschengeld

Alter	Regelbedarf	Taschengeld in % und DM pro Monat	
bis 6 Jahre	DM 355,–	1 %	ca. 3,50 DM
bis 12 Jahre	DM 431,–	1–5 %	4,25–21,50 DM
bis 18 Jahre	DM 510,–	5–10 %	25,00–51,00 DM

Anhaltspunkte für das, was als üblich gilt (da hören Kinder üblicherweise immer viel höhere Beträge als ihre Eltern), liefern auch z. B. die vom Beratungsdienst der Sparkassen aufgestellten Beträge und Zahlungszeiträume. Gerade die sollte man beachten – denn jüngere Kinder sind noch nicht in der Lage, sich das Geld über einen Monat einzuteilen, also macht die wöchentliche Zuteilung mehr Sinn.

Alter	Taschengeldbetrag und Zahlungszeitraum
bis 6 Jahre	bis 1 DM wöchentlich
6–7 Jahre	2–5 DM wöchentlich
8–9 Jahre	3–6 DM wöchentlich
10–11 Jahre	etwa 25 DM monatlich
12–13 Jahre	etwa 35 DM monatlich
14–15 Jahre	etwa 45 DM monatlich
16–17 Jahre	60–80 DM monatlich

Vom Beratungsdienst der Sparkassen empfohlen

Unterhalt für die Kinder: Daran kommt keiner vorbei

Unterhaltspflichtig sind immer beide Elternteile. Und normalerweise gibt es keinen Stress mit dem Kindesunterhalt, solange die Eltern zusammenleben. Anders ist es nach einer Trennung. Dann gibt es typischerweise

Unterhalt in Arbeitsleistung oder Bargeld

- einen Elternteil, der sich tagein und tagaus um das Kind kümmert. Dieser Elternteil erfüllt den Unterhaltsanspruch des Kindes also durch seine Arbeit.
- Der andere Elternteil darf oder muss das Kind gelegentlich sehen, hat aber darüber hinaus keine Arbeit mit ihm. Dieser andere Elternteil muss seinen Unterhalt in Bargeld aufbringen, er ist barunterhaltspflichtig.

Hieraus lässt sich bereits erkennen, dass der Unterhalt für ein Kind immer aus mindestens zwei Bausteinen besteht:

1. Zum einen muss das Kind betreut, erzogen und seelisch versorgt werden.
2. Zum anderen muss das Kind angezogen, ernährt und auch ansonsten finanziell unterhalten werden.

Nun wird oft darüber gestritten, wie teuer es heute wirklich ist, sich ein Kind »leisten« zu können – zumal vor dem Hintergrund, dass selbst das Bundesverfassungsgericht die frühere Steuerentlastung für Eltern mit Kinder als viel zu niedrig abgeurteilt hatte. Andererseits gibt es ganz klare Anhaltspunkte dazu, wie viel Barunterhalt ein Kind mindestens benötigt.

Regelbetrag-Verordnung

Dies wird seit dem 6. April 1998 durch die so genannte Regelbetrag-Verordnung festgelegt (BGBl. I S. 668, Art. 2 des Kindesunterhaltsgesetzes). Die Regelbetrag-Verordnung gilt im Grundsatz nur für minderjährige Kinder, die mit den Eltern zusammenleben.

Die einzige Ausnahme von diesem Geltungsbereich sind Kinder, die schon während der Regelschulausbildung volljährig werden, weil sie beispielsweise auf dem Weg zum Abitur ein, zweimal das Klassenziel nicht erreicht haben. Zusätzlich müssen sie bei den Eltern wohnen, und sie dürfen nicht älter als 21 Jahre sein.

Die Neuregelung des Kindesunterhalts verfolgt in der Hauptsache drei Ziele:

1. Der Kindesunterhalt soll bundeseinheitlich geregelt werden.
2. Eheliche wie nichteheliche Kinder sollen die gleichen Sätze bekommen.
3. Die Unterhaltsbeträge sollen automatisch mit der Preisentwicklung steigen.

Heute sieht der Regelunterhalt (gültig bis 30. 6. 2001, Mindestsätze) für ein Kind folgendermaßen aus:

Blitzübersicht: Regelunterhalt für ein Kind

Altersstufe	Regelbedarf West	Regelbedarf Ost
bis 6 Jahre	DM 355,–	DM 324,–
bis 12 Jahre	DM 431,–	DM 392,–
bis 18 Jahre	DM 510,–	DM 465,–

Diese Regelbeträge sollen jeweils im Zweijahreszyklus an die Preisentwicklung angepasst werden, und zwar jeweils in den ungeraden Jahren (2001, 2003, 2005 usw., geregelt in § 1612a BGB).

Der Einfachheit halber hat man die Erhöhung der Regelsätze an die Steigerungsraten der gesetzlichen Rentenversicherung gekoppelt. So ergaben sich bei der erstmals 1999 nach neuem Recht vorgenommenen Anpassung durchschnittliche Erhöhungen von 1,5 Prozent gegenüber den vorher geltenden Sätzen. Deutlich höhere Steigerungen sind nur zu erwarten, wenn die Lebenshaltungskosten allgemein und die

Mindestunterhalt ist gekoppelt an die Steigerungsraten der gesetzlichen Rentenversicherung

Nettoeinkommen der Arbeitnehmer entsprechend in die Höhe schießen – denn dies beeinflusst auch die Höhe der Rentenanpassungen.

Expertentipp

Automatische Unterhaltserhöhung

Nur wenn der Unterhaltsanspruch in Prozenten des Regelbetrags angegeben ist, steigt mit jeder Erhöhung des Regelbetrags automatisch der Unterhaltsanspruch. Das hat den Vorteil, dass ein Familiengericht über den Unterhaltsanspruch nur einmal entscheiden muss, nämlich um den Prozentsatz festzulegen, der zu Einkommen und Lebensstandard der Familie passt. Die automatische Erhöhung betrifft aber nicht Fälle, in denen der Unterhaltsanspruch im Urteil als Betrag ausgewiesen ist.

Blitzübersicht: Regelsätze und Einkommensgruppen

Nettoeinkommen	Anspruch in % vom jeweiligen Regelsatz
bis 2.400 DM	100 %
2.400–2.700 DM	107 %
2.700–3.100 DM	114 %
3.100–3.500 DM	121 %
3.500–3.900 DM	128 %
3.900–4.300 DM	135 %
4.300–4.700 DM	142 %
4.700–5.100 DM	150 %
5.100–5.800 DM	160 %
5.800–6.500 DM	170 %
6.500–7.200 DM	180 %
7.200–8.000 DM	190 %
über 8.000 DM	Einzelfallentscheidung des Gerichts

Viele Gerichte sind dazu übergegangen, sich beim Unterhaltsurteil prozentual auf den Regelsatz zu beziehen. Dies hat dann den Vorteil der automatischen Anpassung. Wurden allerdings konkrete Beträge als Anspruch festgelegt, müssen die Unterhaltsempfänger oder der sie vertretende Elternteil auch weiterhin alle zwei Jahre vor Gericht ziehen, um ihren Unterhaltsanspruch durch eine Abänderungsklage an die neuen Verhältnisse und den echten Bedarf anpassen zu lassen.

Abänderungsklage

Die Tabelle auf der linken Seite zeigt, wie Unterhaltsansprüche einkommensabhängig in Prozent vom Regelsatzes ausgedrückt werden.

Was die Düsseldorfer Tabelle regelt

Während es der Regelbetrag-Verordnung darum geht, Mindestbeträge festzulegen, geht die Düsseldorfer Tabelle weit darüber hinaus. Deshalb ist diese Richtlinie auch durch die Neufassung des Unterhaltsrechts von 1998 noch lange nicht überflüssig geworden. Einige Situationen werden nämlich vom gesetzlichen Kindesunterhaltsrecht überhaupt nicht erfasst. Zum Beispiel:

- Unterhaltspflichten von Besserverdienern – denn die Regelbetrag-Verordnung legt schließlich nur Mindestsätze für den Unterhalt fest.
- Unterhalt für volljährige Kinder, die in einer Ausbildung stecken und nicht zu Hause wohnen. Unter Umständen hat das Kind dann einen Anspruch auf Leistungen nach dem Bundesausbildungsförderungsgesetz (BAFöG). Soweit das Kind BAFöG-Leistungen erhält, geht der Unterhaltsanspruch des Kindes auf die BAFöG-Stelle über.

Nun handelt es sich bei der Düsseldorfer Tabelle zwar eigentlich nur um einen Erlass des jeweiligen Gerichtsbezirks. Deshalb ist nie auszuschließen, dass Kinder aus vergleichbaren Lebensumständen in verschiedenen Gerichtsbezirken durchaus verschiedene Unterhaltsansprüche zugesprochen bekommen. Andererseits aber haben die Gerichte jedenfalls

Verschiedene Gerichtsbezirke führen zu unterschiedlichen Zahlungen

in den alten Bundesländern die Düsseldorfer Tabelle im Großen und Ganzen unverändert übernommen.
Aus diesem Grund kann man sich auf die Düsseldorfer Tabelle weitgehend verlassen und sie als Richtlinie heranziehen. Will ein Amts- oder Landgericht von den Sätzen abweichen, die das jeweils zuständige Oberlandesgericht für seinen Bezirk festgelegt hat, müssen schon besondere Umstände vorliegen.
Das Gleiche gilt natürlich erst recht für die Betroffenen: Will der Unterhaltspflichtige weniger zahlen, als in der Tabelle vorgesehen ist, muss er das ausführlich begründen.
Umgekehrt gilt: Verlangt der Unterhaltsberechtigte mehr als vorgesehen, muss er schon besondere Umstände behaupten und gegebenenfalls beweisen.

Über die Mindestsätze hinaus

Die Düsseldorfer Tabelle zum Kindesunterhalt

Altersstufe	**Nettoeinkommen des Unterhaltspflichtigen in DM**		
	Gruppe 1	**Gruppe 2**	**Gruppe 3**
	bis 2.400,–	2.400,– bis 2.700,–	2.700,– bis 3.100,–
bis zur Vollendung des 6. Lebensjahres	355,–	380,–	405,–
vom 7. bis zur Vollendung des 12. Lebensjahres	431,–	462,–	492,–
vom 13. bis zur Vollendung des 18. Lebensjahres	510,–	546,–	582,–
ab Vollendung des 18. Lebensjahres*	589,–	631,–	672,–
Bedarfskontroll-betrag**	1.300,–/ 1.500,–	1.600,–	1.700,–

* siehe ergänzende Anmerkungen in den folgenden Absätzen zum Stichwort »Berufsausbildung« bzw. bei ** zum Stichwort »Eigenbedarf« und »Bedarfskontrollbetrag«

Altersstufe	Nettoeinkommen des Unterhaltspflichtigen in DM		
	Gruppe 4	**Gruppe 5**	**Gruppe 6**
	3.100,– bis 3.500,–	3.500,– bis 3.900,–	3.900,– bis 4.300,–
bis zur Vollendung des 6. Lebensjahres	430,–	455,–	480,–
vom 7. bis zur Vollendung des 12. Lebensjahres	522,–	552,–	582,–
vom 13. bis zur Vollendung des 18. Lebensjahres	618,–	653,–	689,–
ab Vollendung des 18. Lebensjahres*	713,–	754,–	796,–
Bedarfskontroll-betrag**	1.800,–	1.900,–	2.000,–
Altersstufe	**Nettoeinkommen des Unterhaltspflichtigen in DM**		
	Gruppe 7	**Gruppe 8**	**Gruppe 9**
	4.300,– bis 4.700,–	4.700,– bis 5.100,–	5.100,– bis 5.800,–
bis zur Vollendung des 6. Lebensjahres	505,–	533,–	568,–
vom 7. bis zur Vollendung des 12. Lebensjahres	613,–	647,–	690,–
vom 13. bis zur Vollendung des 18. Lebensjahres	725,–	765,–	816,–
ab Vollendung des 18. Lebensjahres*	837,–	884,–	943,–
Bedarfskontroll-betrag**	2.100,–	2.200,–	2.350,–

* siehe ergänzende Anmerkungen in den folgenden Absätzen zum Stichwort »Berufsausbildung« bzw. bei ** zum Stichwort »Eigenbedarf« und »Bedarfskontrollbetrag«

Richtlinien zum Unterhaltsbetrag

Altersstufe	Nettoeinkommen des Unterhaltspflichtigen in DM		
	Gruppe 10	Gruppe 11	Gruppe 12
	5.800,– bis 6.500,–	6.500,– bis 7.200,–	7.200,– bis 8.000,–
bis zur Vollendung des 6. Lebensjahres	604,–	639,–	975,–
vom 7. bis zur Vollendung des 12. Lebensjahres	733,–	776,–	819,–
vom 13. bis zur Vollendung des 18. Lebensjahres	867,–	918,–	969,–
ab Vollendung des 18. Lebensjahres*	1002,–	1061,–	1120,–
Bedarfskontroll-betrag**	2.500,–	2.650,–	2.800,–

* siehe ergänzende Anmerkungen in den folgenden Absätzen zum Stichwort »Berufsausbildung« bzw. bei ** zum Stichwort »Eigenbedarf« und »Bedarfskontrollbetrag«

Besonderheiten: höhere Einkommen und Kindergeld

Beträgt das Nettoeinkommen mehr als 8.000,– DM, wird nach den Umständen des Einzelfalls entschieden. In der Praxis allerdings kommt es höchst selten vor, dass die in der Tabelle genannten Sätze noch überschritten werden.

Außerdem sollte man sich beim Blick auf die Tabellen nicht verwirren und täuschen lassen, denn in der Praxis wird die monatliche Überweisung aufs Konto meist niedriger ausfallen.

Kindergeld wird zur Hälfte abgezogen

Der Grund: Das Kindergeld wird üblicherweise an den Elternteil ausgezahlt, bei dem das Kind lebt. Dann aber wird dieses Kindergeld hälftig auf die jeweils genannten Unterhaltsbeträge angerechnet. Folglich verringern sich die genannten Beträge jeweils um das halbe Kindergeld.

Berufsausbildung: Einkommen wird angerechnet

Bei einem Kind, das eine Berufsausbildung absolviert und im Haushalt eines Elternteils wohnt, wird die Ausbildungsvergütung angerechnet.
Allerdings dürfen vor dieser Anrechnung vom eigenen Einkommen des Kindes 150,– DM monatlich abgezogen werden. Mit dieser Pauschale soll ein ausbildungsbedingter Mehrbedarf für besondere Kosten ausgeglichen werden.
Für Studierende oder Kinder, die nicht bei den Eltern oder einem Elternteil wohnen, beträgt der angemessene Gesamtunterhaltsbedarf 1.120,– DM monatlich.

Eigenbedarf des Zahlers muss berücksichtigt werden

Eigenbedarf des Unterhaltszahlenden zwischen 1.300,– und 2.800,– DM

Die in Gruppe 1 der Düsseldorfer Tabelle angegebenen Beträge beziehen sich auf den notwendigen Eigenbedarf, der dem Zahler in jedem Fall bleiben soll. Dieser beträgt 1.300,– DM für einen nicht erwerbstätigen Unterhaltspflichtigen und 1.500,– für einen erwerbstätigen Unterhaltspflichtigen. Dabei ist eine Miete von 650,– DM einschließlich Heizung und Nebenkosten bereits berücksichtigt. Gegenüber volljährigen Kindern beträgt der angemessene Eigenbedarf mindestens 1.800,– DM, wobei eine monatliche Warmmiete von 800,– DM berücksichtigt ist.

Bedarfskontrollbetrag soll Interessenausgleich schaffen

Von den Beträgen der Gruppe 1 zu unterscheiden ist der Bedarfskontrollbetrag in Gruppe 2 bis Gruppe 12 der Düsseldorfer Tabelle. Er dient als Maßstab für eine ausgewogene Berücksichtigung der Interessen von Unterhaltspflichtigen und unterhaltsberechtigten Kindern. Wird er unter Einbeziehung auch des Ehegattenunterhalts unterschritten, ist der Tabellenbetrag der nächstniedrigeren Gruppe anzuwenden. Dieses Verfahren wird so lange fortgesetzt, bis der Bedarfskontrollbetrag nicht mehr unterschritten wird. Alternativ kommt ein Zwischenbetrag in Frage.

Was gilt als Nettoeinkommen?

Normalerweise ist mit dem Nettoeinkommen der Betrag gemeint, der dem unterhaltspflichtigen Elternteil nach Abzug der Steuern verbleibt.

Anders als vor dem Finanzamt können also beispielsweise die Aufwendungen für Sozialversicherungen und andere regelmäßige Lasten nicht abgezogen werden. Das eigene Fleisch und Blut darf vom berufstätigen Elternteil nämlich erwarten, dass er buchstäblich sein letztes Hemd für den Nachwuchs opfert.

Auch die sonst üblichen Pfändungsfreigrenzen gelten beim Unterhalt nicht.

Expertentipp

Pauschale für berufsbedingte Aufwendungen

Berücksichtigt werden beim Nettoeinkommen nur berufsbedingte Aufwendungen. Das geschieht normalerweise in Form einer Pauschale von fünf Prozent des Einkommens. Diese Pauschale beträgt mindestens 90,– DM, bei geringfügiger Teilzeitarbeit auch weniger, höchstens beträgt sie 260,– DM. Sind die Aufwendungen höher, müssen sie einzeln nachgewiesen werden.

Billiger kommt der Unterhaltspflichtige praktisch nur weg, wenn das Kind bereits über eigenes Einkommen verfügt. So wird eine Ausbildungsvergütung wie schon beschrieben angerechnet.

Dem Auszubildenden müssen von seinem Lohn praktisch nur mindestens 150,– DM verbleiben – alles andere steht den Eltern für Kost und Logis zu. Das gilt natürlich nur, solange das Kind noch zu Hause wohnt.

Sonderfälle: Arbeitslosigkeit oder viele Kinder

Klar ist jedenfalls, dass die Beträge der Düsseldorfer Tabelle nur für eine deutsche Normalfamilie mit bis zu zwei Kindern gelten können. Generell gilt: Es muss nach der Unterhaltszahlung ein Rest für den Unterhaltspflichtigen übrig bleiben.

Dieser Rest wird von der Düsseldorfer Tabelle »Bedarfskontrollbetrag« genannt und wurde bereits erläutert, ebenso wie der Eigenbedarf.
Reicht nun aber das Nettoeinkommen nicht für alle unterhaltsberechtigten Kinder aus, wird der verfügbare Betrag möglichst gerecht auf alle Sprösslinge verteilt.
Das kann mitunter zu recht komplizierten Berechnungen führen. Die aber knobeln Juristen fachkundig mit einem Taschenrechner unter sich aus.

Alle Unterhaltsempfänger sollen etwas bekommen

- Muss vom Nettoeinkommen neben den Kindern auch ein Exgatte unterhalten werden, versucht man den angemessenen Kindesunterhalt dadurch zu finden, dass man die Sätze aus einer niedrigeren Einkommensklasse anwendet.
- Lässt die Summe aller Unterhaltspflichten dann immer noch weniger übrig, als im Kontrollbetrag vorgesehen ist, geht's eine weitere Stufe runter. Und zwar so lange, bis der zum Einkommen passende Kontrollbetrag nicht mehr überschritten wird.

Für den Unterhaltspflichtigen hat die Düsseldorfer Tabelle immerhin den Vorteil, dass es sich für ihn trotz der Belastung durch den Kindesunterhalt noch lohnt, weiter arbeiten zu gehen. Denn mit dem Nettoeinkommen steigt nicht nur die Unterhaltslast, sondern auch der Selbstbehalt. Nur eben nicht ganz so schnell wie ohne die Unterhaltspflichten.
Eine feine Unterscheidung ist übrigens dann zu treffen, wenn der Unterhaltszahler arbeitslos ist. Denn in diesem Fall kommt es auf seine Ansprüche gegen die Arbeitslosenversicherung an.

Im Falle von Arbeitslosigkeit

- Wer Arbeitslosengeld bezieht, bleibt unterhaltspflichtig.
- Wer Arbeitslosenhilfe bekommt, ist dagegen nicht mehr unterhaltspflichtig.

Grund für diese Unterscheidung ist, dass Arbeitslosenhilfe als Sozialleistung gilt. Man geht davon aus, dass Arbeitslosenhilfe nur in dem Maße gewährt wird, wie es dem Bedarf des Empfängers entspricht – sie deckt sozusagen gerade den Selbstbehalt.

Streit um Kindesunterhalt: typische Fälle und Gerichtsurteile

In der folgenden kurzen Übersicht wurden keine Streitfälle (obwohl das die häufigsten sind) zur Frage der anrechenbaren Einkommenshöhe des Unterhaltspflichtigen oder z. B. zu seiner Arbeitspflicht berücksichtig, denn in diesen Fällen legen die Gerichte denselben Maßstab an wie beim Ehegattenunterhalt.

Faustregel

Es muss alles getan werden, um den bestehenden Unterhaltspflichten nachzukommen. Dabei ist es ganz gleichgültig, ob es sich um Unterhalt für Kinder oder den Expartner handelt.

Beispielhafte Urteile zu diesen Streitpunkten haben wir deshalb im Zusammenhang mit den Regelungen zum Ehegattenunterhalt zusammengestellt.

Ausbildung: Eltern müssen nur die Erstausbildung zahlen

Zweitausbildung muss nicht finanziert werden

Wer nach dem Abschluss seiner Erstausbildung zunächst mindestens ein Jahr lang arbeitet, dann eine Schule besucht, um ein Studium aufzunehmen, hat keinen Anspruch mehr auf finanzielle Unterstützung aus dem elterlichen Haus. Eltern müssen die Zweitausbildung ihrer Kinder grundsätzlich nicht finanzieren (OLG Koblenz, 11 UF 166/94 – 01/96).

Ausbildungsbeginn: Trödelei kostet Unterhaltsanspruch

Kinder haben während ihrer Ausbildung Anspruch auf Unterhalt von den Eltern. Sobald sie volljährig sind, trifft sie jedoch die Pflicht, ihre Ausbildung schnell durchzuziehen, um die Eltern nicht unnötig zu belasten (Gegenseitigkeitsverhältnis). Im Klartext: Bummeleien müssen die Eltern nicht finanzieren (BGH, XII ZR 173/96 – 03/98).

Besserverdiener: Unterhaltspflicht trotz Kinderbetreuung

Normalerweise muss der Elternteil, der sich um die Kinder kümmert, nicht auch noch Unterhalt zahlen. So steht's im Gesetz (§ 1606 Absatz 3 BGB). Verdient der betreuende Teil aber doppelt so viel wie der andere, ist das anders. Bei so einem Einkommensunterschied muss sich auch der Elternteil mit den Kindern an den Lebenshaltungskosten beteiligen. Was aber nicht bedeutet, dass der andere nichts mehr zahlen müsste (AG Kerpen, 51 F 21/94).

Wenn der betreuende Elternteil mehr verdient als der Unterhaltspflichtige

Kindergartenbeitrag: Mehr Unterhalt ist gerechtfertigt

Für Kinder ist nach einer Trennung immer Unterhalt zu leisten. Diese Leistungen können aufgestockt werden, wenn besondere Umstände zu berücksichtigen sind. Schickt der sorgeberechtigte Elternteil den Sprössling z. B. in einen Kindergarten, muss der Unterhaltspflichtige zumindest teilweise mitzahlen (OLG Stuttgart, 15 WF 264/98 – 06/98).

Pflegegeld: hälftige Aufteilung bei Unterhaltsentscheidung

Wer ein Pflegekind aufgenommen hat, kann Pflegegeld vom Jugendamt beantragen. Der Zuschuss wird normalerweise in einen Grund- und einen Erziehungsbeitrag aufgeteilt. Die jeweilige Verteilung darf im Rahmen eines Unterhaltsverfahrens jedoch nicht übernommen werden. Hier wird – nach Abzug des Mietanteils – eine Hälfte zu den Unterhaltskosten, die andere zur Erziehungsleistung zugeordnet (OLG Hamm, 3 UF 66/96 – 09/96).

Prozesskosten: Eltern müssen sich beteiligen

Auch wenn volljährige Kinder endlich eine Lehrstelle gefunden haben, dauert die Unterhaltspflicht der Eltern an. Deshalb kann der Auszubildende auch Unterstützung bei außergewöhnlichen Kosten verlangen: Können z. B. Prozess- oder Anwaltskosten nicht aus dem normalen Unterhalt und der Ausbildungsvergütung bezahlt werden, müssen die Eltern dafür zusätzlich zahlen (OLG Nürnberg, 11 WF 3848/95 – 01/96).

Unterstützung bei außergewöhnlichen Kosten

Studium: kein Unterhalt bei kostenloser Wohnmöglichkeit

Viele Eltern sind bereit, für Wohnung und Lebenshaltung ihrer erwachsenen Kinder zu Hause zu sorgen (Naturalunterhalt), können aber aus finanziellen Gründen keine Zahlungen für ein Studium in einer anderen Stadt aufbringen. Wird dem Kind entgegen seines eigenen Wunsches dann doch nur ein auswärtiger Studienplatz zugewiesen, müssen Eltern die Mehrkosten nicht allein tragen. Das Kind hat Anspruch auf Ausbildungsförderung (BAföG) vom Staat (BGH, XII ZR 45/95 – 03/96).

Studium: Mutter muss nicht zuzahlen

Wenn die Mutter wenig verdient

Geht ein volljähriges Kind noch zur Schule und wohnt weiter bei der geschiedenen Mutter, muss diese sich nicht am Unterhalt beteiligen. Denn sie erbringt ihre Unterhaltsverpflichtung weiterhin dadurch, dass sie sich um den Hausstand kümmert und den jungen Erwachsenen betreut. Das kann auch nach der Schule so weitergehen, wenn das Kind ein Studium aufnimmt: Verfügt die Mutter über kein nennenswertes Einkommen, muss der Vater für den vollen Bedarf aufkommen (OLG Karlsruhe, 18 UF 117/89).

Vermögende Kinder: Eigenbeteiligung an Ausbildungskosten

Während der Erstausbildung haben volljährige Kinder Anspruch auf Unterhalt von ihren Eltern; sie müssen jedoch eigenes Vermögen einsetzen. Es werden ihnen aber 8.000,– DM als Rücklage gelassen (BGH, XII ZR 20/96 – 07/98).

Volljährigkeit: Arbeitspflicht statt Unterhalt

Dass ein volljähriges Kind noch Unterhalt verlangen kann, sollte die Ausnahme bleiben. Normalerweise müssen Erwachsene ihren Lebensunterhalt selbst bestreiten. Das gilt auch dann, wenn das volljährige Kind bereits selbst ein Kind hat: Wer sich nicht um einen Job kümmert, verliert den Unterhaltsanspruch gegen die Eltern (OLG Hamm, 12 UF 430/89)

Die Unterhaltsansprüche des Ehegatten

Wie sich das finanzielle Leben nach der Scheidung entwickeln soll, dazu hat der Gesetzgeber recht klare Vorstellungen: Jeder der beiden Partner soll so schnell wie möglich wieder für seinen eigenen Lebensunterhalt sorgen. Für den Normalfall ist deshalb auch nicht vorgesehen, dass einer der beiden Expartner bis zum Lebensende für den anderen zahlen muss.

Beide Partner sollen sich nach der Scheidung gleichstellen

Anders ist es jedoch, wenn einer der beiden Partner nicht so schnell auf eigene finanzielle Füße kommen kann – z. B. wegen der ihm obliegenden Kinderbetreuung oder wegen jahrelanger Berufspause. In diesen Fällen muss der finanziell besser gestellte Partner noch über mehrere Jahre Unterhalt an den anderen zahlen.

In der Praxis bedeutet das meistens, dass die Frau Unterhaltsansprüche gegen ihren Mann hat, denn normalerweise ist sie es, die wegen der Kinder oder der Versorgung des Mannes den Beruf ganz oder teilweise aufgibt, sich z. B. mit einem Teilzeitjob begnügt, der weniger Geld einbringt und kaum noch Aufstiegschancen bietet. Üblicherweise muss außerdem eine Frau, die nach der Scheidung wieder neu oder ganz ins Berufsleben einsteigen will, mit einer ganzen Reihe von Nachteilen kämpfen. Gründe für diese Nachteile gibt es viele:

- Geschiedene, die ins Berufsleben zurückkehren wollen, sind vielen Arbeitgebern zu teuer – weil sie meist älter sind und höhere Ansprüche stellen als andere Berufseinsteiger mit derselben Qualifikation.
- Die Chancen, überhaupt innerhalb kurzer Zeit einen Arbeitsplatz zu finden, sind für Wiedereinsteiger nicht besonders gut. Viele Arbeitgeber fürchten darüber hinaus auch, dass durch eine lange Berufspause wichtige Entwicklungen in der jeweiligen Branche versäumt wurden,

die Kenntnisse des Bewerbers nicht mehr auf dem aktuellen Stand sind oder erst mühsam wieder belebt werden müssen. Trotz eines früheren qualifizierten Ausbildungsabschlusses werden den Wiedereinsteigern deshalb oft frisch ausgebildete Bewerber vorgezogen – auch wegen der oben schon erwähnten niedrigeren Gehaltsvorstellungen der Neueinsteiger.

- Gerade geschiedene Frauen, die auch noch Kinder zu versorgen haben, müssen außerdem mit zahlreichen Vorurteilen bezüglich der Fehlzeiten am Arbeitsplatz rechnen. Manche Arbeitgeber fürchten einfach, dass mit ständigen Ausfällen, z. B. wegen kranker Kinder oder Krankheiten aufgrund der Doppelbelastung, zu rechnen ist.

Vorurteile bei der Bewerbung auffangen

Expertentipp

Gerade weil die drei genannten Punkte in den meisten Fällen eine Bewerbung scheitern lassen, sollte man sich auf die damit zusammenhängenden Fragen besonders vorbereiten – etwa ungefragt darauf hinweisen, wie perfekt z. B. die Kinderbetreuung auch für eventuelle Krankheitsfälle organisiert ist.
Sehr hilfreiche Tipps für die Jobsuche enthält der Ratgeber »Mit Erfolg bewerben – die richtige Strategie« von Rudolf Marten (Südwest Verlag, 19,90 DM).

Verschiedene Gründe für den Unterhalt

Aus den genannten Gründen kann praktisch jede Frau, die in der Ehe nicht einer Vollzeitbeschäftigung nachgegangen ist, zunächst mal davon ausgehen, dass ihr der berufliche Neustart nach Trennung oder Scheidung durch finanzielle Hilfen des Ehemannes erleichtert wird oder sie zumindest für eine begrenzte Zeit Anspruch auf volle finanzielle Unterstützung hat. Dies trifft erst recht zu, wenn entsprechend den nachfolgenden Punkten besondere Unterhaltsansprüche geltend gemacht werden können.

⚡ **Blitzübersicht: Unterhalt aufgrund von Kinderbetreuung**
Wer sich um die Kinder kümmert, kann nicht ohne weiteres einer Vollzeitbeschäftigung nachgehen. Also muss der andere zahlen. Dabei geht es nicht um das Geld, das die Kinder zum Leben benötigen – das bleibt als Kindesunterhalt völlig außen vor. Hier geht es vielmehr vor allem um den Betrag, den der andere Partner nicht durch einen eigenen Job verdienen kann, weil er durch die Kinderbetreuung daran gehindert wird.
Ob man wegen ehelicher oder adoptierter Kinder beruflich gehandikapt ist, spielt keine Rolle. Stammt das Kind jedoch von einem anderen als dem Ehepartner, ist normalerweise der andere Partner unterhaltspflichtig. Aber auch dann gilt das Kind so lange als ehelich, wie die Ehelichkeit nicht wirksam angefochten ist.
Wurde ein voreheliches Kind als ehelich aufgenommen, kann das nach der Scheidung nicht einfach wieder rückgängig gemacht werden.
Anspruch auf den besonderen Unterhalt wegen der Kinderbetreuung besteht so lange, wie die Kinder tatsächlich betreut werden müssen. Dafür gibt es keine festen Gesetze, sondern nur Regeln, die sich in der Rechtsprechung herausgebildet haben. Entsprechend werden solche Zahlungen als Betreuungsunterhalt bezeichnet.

Unterhaltsanspruch wegen Arbeitslosigkeit

Ernsthafte Jobsuche muss vorliegen

Auch in einer kinderlosen Ehe muss der Exgatte zahlen, wenn der nicht Berufstätige einfach keinen Job findet, obwohl er sich ernsthaft darum bemüht. Diese Ernsthaftigkeit sollte aber für den Streitfall nachweisbar sein.

Ernsthafte Jobsuche liegt vor, wenn

- Regelmäßiger Kontakt zum Arbeitsamt besteht und Vermittlungsangebote aktiv aufgegriffen werden
- Eine Beteiligung an Umschulungen vorliegt oder – mit oder ohne Unterstützung des Arbeitsamtes – versucht wird, durch Höherqualifikation die Vermittlungschancen zu steigern
- Eigenbewerbungen auch für solche Tätigkeiten unternommen werden, bei denen die Anforderungen unter der tatsächlichen Qualifikation liegen

Jobs auch unterhalb der Qualifikation

Vor allem der letzte Punkt unterstreicht die Ernsthaftigkeit der Bemühungen um einen Job. Dies ist wichtig, weil vielen Gerichten die bloße Arbeitslosmeldung ohne weitere eigene Bemühungen nicht mehr ausreicht. Bei fehlenden ernsthaften Bemühungen aber kann der Unterhaltsanspruch schnell für erledigt erklärt werden.

Unterhaltsanspruch wegen des Alters oder verminderter Erwerbsfähigkeit

Schwere Vermittelbarkeit

Entgegen den eben beschriebenen Vorschriften über die ernsthaften Bemühungen um einen Arbeitsplatz verlangen die Gerichte jedoch nicht, dass nach einer langjährigen Ehe und deren Scheitern kurz vor dem Rentenalter noch mal ein Neustart ins Berufsleben versucht wird. Hierfür gibt es zwar keine festen Altersgrenzen. Aber schon eine 50-jährige Frau, die 20 oder mehr Jahre nicht im Erwerbsleben stand, kann vom Arbeitsamt als schwer vermittelbar eingestuft werden. Dies wäre ausreichend, Unterhaltsansprüche geltend zu machen.

Zu berücksichtigen ist dabei auch, dass der nicht erwerbstätige Partner wegen seiner langen Zeit an Heim und Herd keine ausreichende Versorgung für Berufs- oder gar Erwerbsunfähigkeit aufbauen konnte. Auch diesen finanziellen Nachteil hätte der Exgatte durch zu zahlenden Unterhalt auszugleichen.

Unterhaltsanspruch wegen Ausbildung oder Umschulung

Wenn in einer noch jungen Partnerschaft der Himmel voller Geigen hängt, sind die neue Liebe, Hochzeit und Familiengründung für manche wichtiger als die ursprünglichen Berufsziele. So unvernünftig sich das hinterher auch darstellen mag: Es gibt zahlreiche Fälle, in denen ein Ehepartner – meist die Frau – die angefangene Ausbildung oder Umschulung abbricht, um sich ganz der neuen Lebensgemeinschaft und der Familiengründung zu widmen. Wobei dies nicht immer blauäugig geschieht, sondern auch der Fall sein kann, weil dem Partner wegen seiner beruflichen Situation in eine andere Stadt gefolgt wird.

In diesen Fällen kann eine Unterhaltspflicht des Exgatten bestehen, die eine Fortsetzung der ursprünglichen Ausbildung nach der Scheidung ermöglichen soll. Aber Achtung: Ein kritisches Gericht kann auch schon mal genau nachprüfen, wie ernsthaft denn wirklich die damaligen Ausbildungsbemühungen waren. Es gibt eine Reihe von Urteilen, in denen trotz abgebrochener Ausbildung keine Unterhaltsansprüche zuerkannt wurden.

Ein abgebrochenes Studium führt nicht automatisch zu Unterhaltszahlungen

Klartext: Wer vor der Ehe mehrere Jahre ohne konkret erkennbares Studienziel auf Universitäten verbrachte und seine »Studien« dann nach der Hochzeit oder Geburt von Kindern aufgab, hat noch nicht automatisch einen Unterhaltsanspruch.

Unterhaltsanspruch wegen Mindereinkommen

Zumindest in der ersten Zeit nach der Scheidung – bei sehr langer Ehedauer auch entsprechend länger – sollen es Unterhaltszahlungen vom einen an den anderen möglich machen, dass beide Partner im Ergebnis den Lebensstandard halten können, den sie während der Ehe hatten. Verdient einer der Partner weniger, als dafür nötig wäre, und steht ihm aber eigentlich kein Unterhalt aus einem der bereits genannten Gründe zu, kann er wenigstens einen »Aufstockungsunterhalt« verlangen.

Den Lebensstandard halten

Kein Unterhalt – auch das kann der Normalfall sein

Keine Bereicherung auf Kosten des Expartners

Ausgehend von dem bereits erwähnten Grundsatz, dass mit der Eheschließung im Normalfall nicht automatisch eine lebenslange Versorgungsgarantie verbunden sein soll, hat der Gesetzgeber einige Unterhaltsbremsen vorgesehen. Und zwar betrifft das nicht nur die Fälle, in denen beide Partner durch ausreichend hohe Einkommen für sich selbst sorgen können. Es gibt außerdem so genannte »Verwirkungstatbestände«. Sie sollen verhindern, dass sich der Unterhaltsberechtigte auf Kosten seines Expartners bereichert. »Verwirkung« bedeutet dabei ganz konkret, dass man wegen des eigenen Verhaltens oder aufgrund der konkreten Umstände der Ehe alle Ansprüche verliert.

Es wäre ja auch äußerst ungerecht, wenn jemand z. B. einen bekannten Schlagersänger nur deshalb heiratet, um so die neu erworbene Bekanntheit für eine eigene Karriere zu nutzen, sich schnell wieder scheiden lässt und dann noch Unterhalt fordert.

Bei kurzer Ehedauer entsteht kein Unterhaltsanspruch

Weniger als drei Jahre verheiratet

Bei einer sehr kurzen Ehedauer wäre es unfair, so zu tun, als hätten die Beteiligten ihr Leben bereits so sehr aufeinander eingestellt, dass sie Unterhalt benötigen. Im Sinne des Gesetzgebers gelten alle Ehen als betroffen und besonders kurz, die weniger als drei Jahre halten. Aber auch Ehen, die weniger als zehn Jahre halten, können noch als kurz angesehen werden, wenn zwar zunächst Unterhalt gezahlt werden soll, die Ansprüche aber zeitlich begrenzt werden sollen.

Unterhaltsverlust wegen Vergehen gegen den anderen

Zunächst mal klingt der Grundsatz sehr dramatisch – und so abwegig, dass sich kaum jemand angesprochen fühlen dürfte, denn der Gesetzgeber hat festgelegt, dass es keinen

Unterhalt für denjenigen gibt, der seinen Ehegatten körperlich misshandelt oder bestiehlt. Grund: Er zeige damit, dass er an einer gleichberechtigten Lebensgemeinschaft überhaupt nicht interessiert ist.
Diese eher dramatische Situation ist aber durch eine Reihe von höchstrichterlichen Urteilen ergänzt worden – und lässt sich damit auch auf Bereiche übertragen, die nahezu an der Tagesordnung sein können.

Expertentipp

Die ständige Rechtsprechung erkennt eine Verwirkung des Unterhaltsanspruchs nicht mehr nur bei körperlicher Gewalt, sondern auch bei betrügerisch falsch dargestellten Einkommensverhältnissen zur Unterhaltserschleichung oder bei grobem Fehlverhalten in der Ehe.

Auch Schwindeleien können Vergehen sein

Klartext: Obwohl die Schuldfrage offiziell keine Rolle mehr spielt, wenn Gerichte über Unterhaltsansprüche zu entscheiden haben, kann sie durch die Hintertür doch wieder auf den Tisch kommen und eine Rolle spielen. Außerdem verlangen die Gerichte auch eine nacheheliche Fairness von demjenigen, der Geld vom anderen erhalten will. Vor allem die folgenden Punkte sind dabei zu berücksichtigen:

- **Mutwilliges Verhalten,** um den Unterhalt zu erwirken oder – im umgekehrten Fall – den Unterhaltsanspruch des anderen Ehegatten zu verringern, kommt bei Richtern ganz schlecht an. Praktisch kommt dieser Verwirkungsgrund häufig in der Weise vor, dass einer der Ehepartner sich redlich bemüht, seinen Job zu verlieren, um Ansprüche gegen den anderen durchzusetzen. Schwierig für den Unterhaltszahler ist in solchen Fällen die Beweislage.
- **Längeres eheschädigendes Verhalten vor der Trennungszeit** führt zum Verlust von Unterhaltsansprüchen. Maßstab für die »Eheschädigung« ist, dass der Unterhaltsberechtigte über längere Zeit nicht zum Familienunterhalt

(nicht nur aus finanzieller Sicht) beiträgt. Dies kann z. B. angenommen werden, wenn ein Partner für längere Zeit seine Familie vernachlässigt, sowohl wegen seiner Pflege außerehelicher Liebschaften als auch durch mangelnde Sorge um die gemeinsame Kasse, womit auch unnötige finanzielle Belastungen der Familienkasse gemeint sein können.

- **Finanzielle Schädigung des Unterhaltszahlers** wird in der ständigen Rechtsprechung als besonders schwerwiegender Verstoß gegen die nacheheliche Treuepflicht bewertet. Typische Beispiele: Es wird ein Nebenjob verschwiegen, die Wiederaufnahme eines Beschäftigungsverhältnisses, eine Erhöhung des Arbeitseinkommens – kurzum alles, was den Unterhaltszahler normalerweise berechtigen würde, seine monatlichen Überweisungen zu kürzen.

Informationspflicht liegt beim Unterhaltsempfänger

Expertentipp

Ändern sich die finanziellen Voraussetzungen, auf deren Basis die Unterhaltsansprüche ermittelt wurden, muss der Unterhaltsempfänger den -zahler darüber informieren. Und zwar sofort und ohne besondere Aufforderung.

Wird zu Unrecht weiter der volle Unterhalt bezogen, kann ein Gericht im Extremfall nicht nur die angesichts neuer Einkommensverhältnisse angebrachte Kürzung des Unterhalts verfügen.
Nach mehreren neuen Gerichtsurteilen kann dieser Unterhaltsbetrug im Extremfall auch dazu führen, dass die eigentlich noch berechtigten Ansprüche aberkannt werden – quasi als Strafe.

- **Anderes Fehlverhalten nach der Trennungszeit** kann ebenfalls zur Kürzung oder zum Verlust von Unterhaltsansprüchen führen. In der Praxis betrifft das vor allem Racheakte des einen am anderen Partner.

Beispiele: *Immer wieder kommt es vor, dass ein Partner den anderen nach der Trennung oder Scheidung bei Steuerbehörden oder Arbeitgeber in Misskredit zu bringen versucht – durch falsche ebenso wie durch richtige Beschuldigungen. In der Konsequenz aber spielt es keine Rolle, ob der Partner zu Recht oder zu Unrecht angeschwärzt wird: Verringert sich z. B. durch einen dadurch bewirkten Jobverlust das Einkommen, kann auch der Unterhalt des Partners entsprechend reduziert werden. Ebenso zum Eigentor werden oft Anzeigen beim Finanzamt z. B. wegen falscher Steuererklärungen, schwarzer Einkünfte in den Ehejahren. Woran dann nämlich oft nicht gedacht wird: Als damaliger oder Nochehepartner sitzt man mit dem Angezeigten im selben Boot, ist selbst vom Steuervergehen betroffen.*

Anschwärzen beim Finanzamt

Unterhaltsverlust durch eine neue Lebensgemeinschaft

Durch das Eingehen einer neuen Lebensgemeinschaft verliert der bisherige Unterhaltsempfänger generell seinen eigenen Anspruch auf Unterhalt – nur der für die Kinder ist nicht betroffen, denn der Gesetzgeber verlangt von einem neuen Partner, dass nun dieser für den gemeinsamen Lebensbedarf sorgt. Das gilt erst recht, wenn die beiden heiraten. Doch schon eine nichteheliche Gemeinschaft reicht aus – zumindest wenn sie längere Zeit besteht und die beiden eine gemeinsame Wohnung nutzen.

Nichteheliche Gemeinschaft

Der Gesetzgeber will damit nun aber nicht etwa den Unterhaltsempfänger bestrafen, sondern er folgt bei dem Gedanken an einen Unterhaltsverlust einem ganz logischen Gedanken: Es ist nämlich anzunehmen, dass der Unterhaltsempfänger in seiner neuen Partnerschaft auch Leistungen für den neuen Partner erbringt, z. B. den Haushalt führt, den neuen Partner pflegt. Diese Leistungen aber müssen dann als Einkommen angerechnet werden, weil sie immer einen bestimmten Geldwert (für den neuen Partner) haben. Und zumindest in dessen Umfang kann der Unterhalt gekürzt werden.

Allerdings muss das Gericht sorgfältig abwägen, wie viel Unterhalt nun noch angemessen ist. Der Unterhalt darf nicht einfach pauschal um 20 bis 25 Prozent gekürzt werden. Manchmal steckt im Unterhalt zwar ein so genannter »trennungsbedingter Mehrbedarf«. Und der kann ohne weiteres wegfallen, wenn ein neuer Partner auf den Plan tritt. Aber alle anderen Kürzungen oder Erhöhungen müssen ausführlich begründet werden. Entscheidend ist, ob und in welchem Umfang sich der neue Partner an den Lebenskosten beteiligt, so verlangt es der Bundesgerichtshof (Aktenzeichen XII ZR 236/93, 11. 1. 1995, FamRZ 1995, 343).

Beitrag des neuen Lebenspartners zu den Lebenskosten

In der Praxis jedoch gestaltet es sich für den Zahler sehr schwierig, die neue Partnerschaft zu beweisen und seine Unterhaltskürzung durch diese Beweise zu untermauern. Zu den umstrittensten Punkten sollte man die nachfolgend beispielhaft zusammengestellten Urteile kennen:

- **Freiwillige Zahlungen sind nicht betroffen**
  Einigen sich die Geschiedenen zu einem Zeitpunkt auf einen bestimmten Unterhalt, zu dem der Zahlungspflichtige bereits von der neuen Beziehung seiner Exfrau weiß, hat er selbst Schuld. Später kann er sich dann nicht mehr darauf berufen, dass auch der Neue zahlen muss. Da wäre es besser gewesen, er hätte sich bei der Vereinbarung vorbehalten, die monatlichen Zahlungen später zu kürzen, z. B. für den Fall, dass der neue Partner wirklich zum Lebensgefährten seiner Exgattin wird (OLG Düsseldorf, 5 UF 105/92).
- **Einkommen des neuen Partners spielt keine Rolle**
  Spätestens wenn das neue Paar einen gemeinsamen Haushalt führt und dadurch eine Unterhaltsgemeinschaft bildet, sind die bisherigen Unterhaltsansprüche erloschen. Das gilt auch, wenn der neue Partner zu wenig verdient, um davon den Unterhalt des anderen zu bestreiten. In diesem Fall müssen sich eben beide einschränken. Denn weitere Zahlungen sind dem bisher Unterhaltspflichtigen nicht zuzumuten (BGH, XII ZR 17/93, 25. 5. 1994, FamRZ 1995, 540).

Gemeinsamer Haushalt mit dem neuen Partner

- **Beziehung mit Krisen rettet Unterhaltsanspruch nicht**
  Sofern sich die neue Lebensgemeinschaft als einigermaßen stabil erwiesen hat, fällt der Unterhalt weg. Das ändert sich auch dann nicht, wenn die neue Beziehung angeblich sehr krisenhaft und wackelig ist. Der Unterhaltspflichtige muss trotzdem nicht weiter zahlen – dies wäre grob ungerecht (BGH, XII ZR 26/90, 28.11.1990, NJW-RR 91, 514).
- **Lebensgemeinschaft muss drei Jahre halten**
  Eine neue Lebensgemeinschaft, die zur Unterhaltskürzung berechtigt, kommt nicht von jetzt auf gleich zustande. Als Anhaltspunkt dafür, wann eine feste Beziehung anzunehmen ist, kann ein Dreijahreszeitraum herangezogen werden. Besteht die neue Beziehung noch keine drei Jahre, ändert sich am Unterhalt noch nichts (OLG Oldenburg, 14 WF 127/91, 13.12.1991, FamRZ 92, 443).

  Dreijahreszeitraum für die neue Beziehung
- **Wochenendbeziehung ist keine Lebensgemeinschaft**
  Will ein Ehegatte wegen einer neuen Partnerschaft seiner geschiedenen Frau weniger Unterhalt zahlen, muss es sich tatsächlich um eine richtige Lebensgemeinschaft handeln. Wenigstens sollten die beiden überwiegend in einer gemeinsamen Wohnung leben. Kommt aber »der Neue« immer nur an den Wochenenden vorbei, ist das keine eheähnliche Lebensgemeinschaft. Und das heißt: keine Kürzung des Unterhalts (OLG Hamm, 13 UF 126/93, 14.1.1994, NJW-RR 1994, 773).
- **Unterhaltsverluste auch ohne gemeinsame Wohnung**
  Wegfallen können Ansprüche wegen einer neuen Lebenspartnerschaft auch schon, wenn ein neuer Partner zwar noch eine eigene Wohnung besitzt, sich aber überwiegend in der Wohnung des Unterhaltsempfängers aufhält. Dies ist zu sehen als »ein Gemeinschaftsverhältnis, das nicht nur kurzfristig angelegt ist« (OLG Hamm, 4 UF 455/95 – 12/96).

- **Kein erneuter Unterhalt nach Trennung von neuer Liebe**
  Zerbricht die neue Beziehung nach einer Weile, lebt der alte Unterhaltsanspruch nicht automatisch wieder auf. Grund: Der Unterhaltsempfänger ist zwischenzeitlich zumindest zeitweise wirtschaftlich unabhängig geworden (OLG Schleswig-Holstein, 13 UF 109/97 – 07/98).

Unterhaltsverzicht – Vereinbarungen können ungültig sein

Gar nicht mehr so selten tritt der Fall ein, dass die Partner entweder in einem Ehevertrag oder bei der Trennung Unterhaltsverzicht vereinbaren.

Vereinbarter zukünftiger Unterhaltsverzicht ist nichtig

Allerdings stehen solche Verträge im Widerspruch zum Gesetz, denn das BGB schließt einen in die Zukunft gerichteten Unterhaltsverzicht aus.

Der Gesetzgeber geht nämlich davon aus, dass sich wirtschaftliche Umstände oder familiäre Verhältnisse gegenüber dem Zeitpunkt der Verzichtserklärung erheblich ändern können und dann doch wieder die Möglichkeit zur Anmeldung von Ansprüchen bestehen soll.

Kurzum: Für denjenigen, der zu einem früheren Zeitpunkt verzichtet hat, besteht jederzeit die Möglichkeit, gesetzliche Ansprüche durch Anrufung des Familiengerichts doch wieder aufleben zu lassen.

Und wie das Gericht dabei entscheiden kann, lassen die nachfolgenden Entscheidungen in typischen Einzelfällen bereits deutlich erkennen:

- **Kein Unterhaltsverzicht zulasten der Kinder**
  Solange die Gefahr besteht, dass Kinder ohne zusätzliche Unterhaltszahlungen durch den geschiedenen Partner nicht richtig betreut werden, kann sich der Zahlungspflichtige nicht auf einen Unterhaltsverzicht berufen. Die Folge: Dieser Verzicht wirkt erst, wenn das Kind so wenig Betreuung braucht, dass der betreuende Exgatte wieder ins Berufsleben zurückkehren und für seinen

Lebensunterhalt allein sorgen kann (BGH, XII ZR 57/91, 9. 7. 1992, NJW 92, 3164).

- **Unterhaltsverzicht gilt nicht mehr nach Geburt von Kindern**
  Man kann sich nicht auf einen Unterhaltsverzicht berufen, wenn sich die Verhältnisse seit dem Verzicht völlig geändert haben. Es wäre ungerecht, wenn der geschiedene Ehemann keinen Unterhalt zahlen müsste, obwohl in der Zwischenzeit ein gemeinsames Kind auf die Welt gekommen ist, das nun die Frau betreut, weshalb sie nicht arbeiten gehen kann. Denn wenn die Eheleute am Anfang der Ehe vereinbaren, dass keiner dem anderen Unterhalt schulden soll, haben sie meistens nicht an Kinder gedacht. Beruft sich der Ehemann auf diesen Unterhaltsverzicht, ist das grob treuwidrig, wie die Gerichte sagen. Damit ist der Vertrag unwirksam: Der Mann muss zahlen (OLG Celle, 10 WF 140/91, 11.10.1991, NJW-RR 1992, 903).

Die Geburt eines Kindes ändert die Sachlage

- **Im Sozialhilfefall lebt Unterhaltsanspruch wieder auf**
  Ein Unterhaltsverzicht ist ungültig, wenn ein Alleinerziehender ohne den Unterhalt auf Sozialhilfe angewiesen wäre. In dem Fall kann auch der Sozialhilfeträger den Unterhaltsanspruch durchsetzen lassen (BGH, XII ZR 16/90, 28. 11. 1990, FamRZ 1991, 306).

Im Falle von Sozialhilfe

- **Unterhaltsverzicht ist nicht ohne weiteres sittenwidrig**
  Macht einer die Hochzeit davon abhängig, dass der andere auf alle Rechte aus einer denkbaren Scheidung verzichtet, ist das nicht ohne weiteres sittenwidrig und damit dann unwirksam.
  Auch wenn er sich vor allen Ansprüchen aus einer Scheidung schützen will, verstößt das noch nicht gegen Recht und Gesetz.
  Es kommt im Einzelfall auf den Gesamtcharakter der Vereinbarung an, wie er sich aus dem Inhalt und den Motiven der Eheleute ergibt (OLG Köln, 27 UF 54/94, 19. 10. 1994, OLG-Rp Köln 1995, 90).

- **Entscheidend ist der Gesamteindruck vor Gericht**
Ein Ehepaar kann sich zwar darauf festlegen, dass keiner dem anderen Unterhalt schuldet, wenn es zu einer Scheidung kommt. Trotzdem kann eine solche Vereinbarung gegen die guten Sitten verstoßen und dadurch unwirksam sein. Es kommt darauf an, welchen Gesamtcharakter ein solcher Vertrag hat. Dazu muss geprüft werden, welchen Zweck die Vereinbarung verfolgt und mit welchen Motiven die Eheleute sich auf diese Vereinbarung eingelassen haben. Eines muss jedenfalls festgestellt werden: Wer sich auf die Sittenwidrigkeit eines Ehevertrags beruft, muss die sittenwidrigen Motive und Zwecke nachweisen. Dafür reicht es nicht, sich einfach auf die schon geklärten Tatsachen zu beziehen. Gerade im Familienrecht müssen die Absichten und Ziele der ehemaligen Partner möglichst umfassend dargelegt und erläutert werden (BGH, IVb ZR 22/84, 24.4.1985, NJW 1985, 1833).

Riskante Tricksereien mit Unterhaltsverzicht

Die Urteile zeigen: Gerade weil der Unterhaltsverzicht einerseits nicht vorgesehen ist und sittenwidrig sein kann, die Gerichte den Eheleuten aber doch eine gewisse Vereinbarungsfreiheit lassen wollen, sollten entsprechende Erklärungen nicht leichtfertig abgegeben werden.

Es gibt Fälle, in denen der Verzicht wirksam bleibt

In der Praxis hat es bereits Fälle gegeben, in denen zunächst mal Unterhaltsverzicht erklärt wurde mit der Absicht, dadurch auf anderen Gebieten Vorteile zu erlangen. Wobei dies dann wohl schon in der festen Absicht erfolgte, später doch noch Unterhalt einzuklagen. Solche Tricksereien aber können riskant sein, denn das Gericht betrachtet den Unterhaltsverzicht nicht isoliert, sondern im Zusammenhang mit allen anderen Scheidungsvereinbarungen. Und dann kann sich eben doch ergeben, dass der Verzicht wirksam ist. Dies sollte immer bedacht werden für den Fall, dass man einen zumindest vorübergehenden Unterhaltsverzicht als Pfand in die Waagschale der freiwilligen Vereinbarungen werfen will.

Betreuungsunterhalt ist im Normalfall zeitlich begrenzt

Die Betreuung der ehelichen Kinder nach Trennung oder Scheidung schließt meistens aus, dass der jeweilige Partner einer vollen Erwerbstätigkeit nachgeht. Vor allem bei kleinen Kindern, denn je jünger das Kind ist, desto mehr Betreuung braucht es.

Faustregeln für den zeitlichen Wiedereinstieg ins Arbeitsleben

- Erst bei Kindern ab dem Grundschulalter kann im Normalfall vom betreuenden Ehegatten die Aufnahme einer Halbtagstätigkeit erwartet werden.
- Wird das Kind etwa 14 Jahre alt, ist oft auch schon die Aufnahme einer Vollzeitbeschäftigung drin.
- Ist das Kind dann 16, müssen schon besondere Gründe dafür vorliegen, dass es noch so sehr betreut werden muss, dass dem Elternteil keine Erwerbstätigkeit zugemutet werden kann.

Halbtags- und Vollbeschäftigung

Muss sich der Partner nicht nur um eines, sondern um mehrere Kinder kümmern, sieht es allerdings anders aus. Dann können alle genannten Faustregeln über den Haufen geworfen werden.
Auf keinen Fall kann es ganz pauschal vom Alter des jüngsten Kindes abhängig gemacht werden, wann der betreuende Elternteil wieder wie viel arbeiten kann. Hier wird es immer auf eine Einzelfalllösung hinauslaufen.
Dasselbe gilt, wenn das Kind nach seiner persönlichen Reife und seinem Entwicklungsstand mehr Fürsorge braucht als normal. Auch dem muss der zahlende Elternteil durch längere bzw. höhere Überweisungen Rechnung tragen.
Ist eine einvernehmliche Lösung hinsichtlich der Betreuungsbedürftigkeit nicht möglich und hat das Gericht eine Entscheidung zu treffen, entscheiden dabei vor allem

- Das Alter des Kindes oder der Kinder
- Die Anzahl der Kinder
- Der Entwicklungsstand des Kindes oder der Kinder – insbesondere der Gesundheitszustand und z. B. auch eventuelle psychische Defekte des Kinds (so genannte »Problemkinder«)
- Die tatsächlichen Erwerbsmöglichkeiten des Unterhaltsempfängers

Höhe des Ehegattenunterhalts richtet sich nach dem Lebensstandard

War der geschiedene Ehegatte nicht berufstätig, muss er sich nach der Scheidung relativ schnell nach einem Job für seinen Lebensunterhalt umsehen. Das gilt zumindest dann, wenn die Lebensverhältnisse nicht so außergewöhnlich gut waren, dass z. B. von der geschiedenen Ehefrau keine Erwerbsarbeit verlangt werden kann – aber dieser Fall ist außergewöhnlich selten.

Faustregel für die Höhe des Unterhalts

Bis der geschiedene Partner einen eigenen Job gefunden hat, kann er normalerweise drei Siebtel des anrechnungsfähigen Einkommens des anderen Ehegatten als Unterhaltszahlung verlangen.

Von weiteren Einkünften die Hälfte für den Unterhaltsempfänger

Hat der Unterhaltspflichtige neben seiner Arbeit noch weitere Einkünfte, steht dem Unterhaltsberechtigten davon noch die Hälfte zu.

Ist der Unterhaltspflichtige selbst nicht mehr berufstätig – also z. B. Rentner –, kann der Geschiedene von allen Einkünften die Hälfte bekommen.

Aber auch, wenn der geschiedene Partner eine Arbeitsstelle angenommen hat und selbst etwas verdient, ist nicht sofort der ganze Unterhaltsanspruch dahin. Entscheidend sind nämlich die Lebensverhältnisse während der Ehe. Schafft es der geschiedene Partner nicht, den ehelichen Lebensstandard durch eigene Arbeit zu erhalten, kann er vom anderen Aufstockungsunterhalt bekommen.

Faustregel für Aufstockungsunterhalt

Dieser bemisst sich nach dem Unterschiedsbetrag. Danach muss der Besserverdiener drei Siebtel der Differenz zwischen beiden Einkommen an den weniger verdienenden Ehegatten zahlen.
Beispiel: *Verdient der Unterhaltsempfänger 2.000,– DM und der Zahler 6.000,– DM, werden drei Siebtel der Differenz von 4.000,– DM als Aufstockungsunterhalt fällig, hier beträgt er also rund 1.750,– DM.*

Die Teilung von drei Siebtel gegen vier Siebtel basiert auf der Überlegung, dass es ja wenigstens einen gewissen Anreiz für den Unterhaltspflichtigen geben sollte, überhaupt noch arbeiten zu gehen und dort auch geldwerte Leistung zu zeigen. Deshalb muss der Ehegatte mit dem eigenen Einkommen nicht genau die Hälfte seines Verdienstes abgeben, sondern etwas weniger.
Ein Siebtel ist der Anteil, den ein Unterhaltspflichtiger von seinem Selbstverdienten immer behalten darf. Der Rest geht dann zu gleichen Teilen an die Unterhaltsberechtigten und den Unterhaltszahler.

Expertentipp

Der Güterstand ist wichtig

Alle bereits von uns dargestellten gesetzlichen Unterhaltsregelungen und -vorschriften gelten im Allgemeinen nur für den gesetzlichen Güterstand der Zugewinngemeinschaft (siehe dazu auch Seite 36). Häufig wird deshalb bei der Wahl eines anderen Güterstands im Vertrag eine besondere Unterhaltsregelung vorgesehen. Gibt es diese Unterhaltsregelung nicht, werden nur einige der gesetzlichen Bestimmungen entsprechend angewendet.

So wird gerechnet, wenn der Verdienst nicht für alle Unterhaltspflichten reicht

Gerechte Betragsteilung bei geringem Einkommen des Unterhaltszahlers

In der Praxis stellt sich sehr oft folgende Situation ein: Die Ansprüche aller Unterhaltsberechtigten zusammen sind insgesamt höher als der Betrag, der zur Bedienung der Ansprüche vorhanden ist. In diesen Fällen muss der Geldmangel gerecht verteilt werden. So kann sich der Unterhaltspflichtige nicht darauf berufen, dass die Kinder als Erstes versorgt werden müssen. Das könnte im schlimmsten Fall bedeuten, dass für den geschiedenen Partner gar nichts mehr übrig bleibt. Stattdessen muss das Einkommen so auf alle Unterhaltsberechtigten aufgeteilt werden, dass im Ergebnis das Verhältnis gewahrt bleibt, in dem die jeweiligen Mindestsätze zueinander stehen. Eine solche Teilung wird in drei Schritten vorgenommen:

Drei Teilungsschritte

1. Es wird das gesamte Einkommen ermittelt.
2. Der Mindestbedarf jedes einzelnen Familienmitglieds wird ermittelt, daraus der Gesamtmindestbetrag errechnet und der prozentuale Anteil jedes Familienmitglieds am Gesamtmindestbetrag ermittelt.
3. Dieser prozentuale Anteil wird nun auf das echte Einkommen übertragen.

Im Beispiel (Grundlage: OLG Bamberg, 2 UF 173/92, 11. 3. 1993, FamRZ 1993, 1093 – angepasst an Beträge von Juli 1999) stellt sich eine solche Teilung wie folgt dar (siehe nachfolgende Seite).

Gibt es neben den drei im Beispielfall von der Scheidung betroffenen Kindern noch weitere Kinder aus einer früheren Ehe, muss auch deren Bedarf berücksichtigt werden. Folglich wird dieser schon zu Ehezeiten geschuldete Unterhalt von dem Einkommen abgezogen, bevor nach Schritt 2 und 3 die Unterhaltsanteile errechnet werden. Allerdings betrifft dies nur Fälle, in denen die früheren Unterhaltszahlungen auf gesetzlichen Verpflichtungen beruhen. Zahlt der Unterhaltsberechtigte freiwillig Unterhalt oder mehr als vorgeschrieben,

Rechenbeispiel: Wenn der Verdienst für die Unterhaltszahlungen nicht ausreicht

1. Verfügbare Einkünfte in der Ehe	
Verdiener	2.550,– DM
geschiedene Ehefrau	600,– DM
Kindergeld (zusammen)	800,– DM
Summe	**3.950,– DM**

2. Mindestbedarf aller Familienmitglieder		
Bedarfsposten	**Geldbetrag**	**Anteil**
Selbstbehalt des Verdieners	1.500,– DM	36,7 %
Mindestunterhalt der geschiedenen Ehefrau	1.300,– DM	31,7 %
jüngstes Kind	355,– DM	8,7 %
mittleres Kind	431,– DM	10,5 %
ältestes Kind	510,– DM	12,4 %
Summe Mindestbedarfsbeträge	**4.096,– DM**	**100 %**

3. Einkommensaufteilung nach Prozentsätzen		
Familienmitglied	**Anteil**	**Betrag**
Vater	36,7 %	1.449,65 DM
Mutter	31,7 %	1.252,15 DM
jüngstes Kind	8,7 %	343,65 DM
mittleres Kind	10,5 %	414,75 DM
ältestes Kind	12,4 %	489,80 DM
gesamt	**100 %**	**3.950,– DM**

ist das sein persönliches Problem. Und wenn der Exgatte während der Ehe gar nicht gezahlt hat, sieht kein Gericht ein, warum sich diese Zahlungen nach der Ehe plötzlich bei der Unterhaltsberechnung auswirken sollen (BGH, XII ZR 166/90, 10.7.1991, NJW 91, 2703).

Typische Streitfälle zum Ehegatten-unterhalt – und beispielhafte Gerichtsentscheidungen

Alter: Arbeitsuche ist unzumutbar

Nach einer Scheidung muss der Hauptverdiener normalerweise nicht unbegrenzte Zeit Unterhalt für den Expartner zahlen, sondern nur so lange, bis der andere finanziell auf eigenen Füßen steht. Dieser Grundsatz gilt aber nicht immer. In diesem Fall ging es um eine 57-jährige Frau, die nach der Heirat ihren Beruf aufgegeben hatte. Nach 30 Ehejahren kam es zur Trennung. Der Mann muss weiterhin Unterhalt zahlen, weil der Frau altersmäßig nicht zuzumuten ist, sich noch Arbeit zu suchen (OLG Schleswig, 13 UF 70/97 – 03/98).

Altersteilzeit: Unterhaltshöhe bleibt unverändert

Bei Altersteilzeit bleibt die Unterhaltshöhe gleich

Ältere Arbeitnehmer, die die Möglichkeit der Altersteilzeitregelung in Anspruch nehmen wollen, sollten ihren Schritt gründlich kalkulieren – zumindest, wenn sie Unterhalt an den geschiedenen Exgatten zahlen müssen. Die sinkenden Einkünfte führen nämlich keineswegs zu einer entsprechenden Anpassung der Zahlungen, vielmehr bleibt es beim vollen Unterhalt. Andere Voraussetzungen liegen nur dann vor, wenn es sich um eine gesundheits- oder betriebsbedingte Umstellung der Arbeitszeit handelt (OLG Hamm, 2 WF 418/98 – 02/98).

Arbeitslosigkeit: Auch Abfindung geht für den Unterhalt drauf

Der Unterhaltspflichtige muss sich anstrengen. Selbst wenn er aus dem Job ausscheidet, bleibt es dabei. Sogar die Abfindung kann dafür draufgehen, finden die Richter (OLG München, 16 UF 968/93, 9. 6. 1993, FamRZ 95, 809).

Arbeitslosigkeit: Jobverlust begründet keinen neuen Unterhaltsanspruch

Nur wenn der Partner kurz nach der Scheidung seinen Job verliert, kann er noch Unterhalt bekommen. Es muss nämlich ein zeitlicher Zusammenhang bestehen. Den zu beziffern ist

allerdings nicht ganz einfach. Klar ist: Wer sich während der Scheidung um einen Job bemüht und scheitert, kann Unterhalt verlangen.
Es darf jedenfalls nicht so weit kommen, dass die Ehegatten auch nach der Scheidung noch für jeden zufälligen Einkommensverlust haften. Die Regel ist nämlich, dass sie nach der Trennung wieder allein für sich sorgen.
Dazu gehört auch das Risiko, vom Arbeitgeber freigesetzt zu werden. Eins ist jedenfalls klar: Hat der arbeitslose Exgatte seine Kündigung selbst verschuldet, muss der andere Partner erst mal nicht zahlen (BGH, IX ZR 48/92, 18. 2. 1993, NJW-RR 93, 706).

Arbeitslosigkeit: Rückkehr in den Osten ist erlaubt

Zur Erfüllung seiner Unterhaltspflicht darf der Schuldner nicht ohne zwingende Gründe eine Senkung seiner Einkünfte bewirken, z. B. von Voll- auf Teilzeit wechseln, einen schlechter bezahlten Job annehmen. Familienrichter sagen, er trägt eine Erwerbsobliegenheit. Wer aber aus den neuen Bundesländern kommt und seine gut bezahlte Stelle im Westen verliert, darf zurück in seinen Heimatort, um dort einen anderen Job anzunehmen.

Keine Senkung der Einkünfte ohne zwingenden Grund

Voraussetzungen: Die neue Stelle entspricht dem beruflichen Werdegang des Unterhaltspflichtigen, und die Bezahlung ist angemessen. Die Anrechnung höherer Einkünfte, die im Westen eventuell möglich wären, fällt weg (OLG Brandenburg, 9 UF 194/96 – 03/97).

Arbeitslosigkeit: Unterhaltsanspruch lebt nicht wieder auf

Nach einer Trennung darf sich der unterhaltsberechtigte Expartner nicht einfach auf die faule Haut legen. Wenn das Einkommen z. B. bei der Scheidung als »nachhaltig gesichert« galt, der Arbeitsplatz aber wider Erwarten verloren geht, besteht kein Anspruch auf Erhöhung des Unterhalts. Dieses Risiko muss nicht der Unterhaltspflichtige tragen (OLG Köln, 4 WF 202/97 – 08/97).

Arbeitspflicht: auch ein Berufswechsel ist möglich

Wenn der geschiedene Partner voll arbeiten könnte, benötigt er keinen Unterhalt vom Exgatten – auch wenn das bedeutet, dass man einen Job annehmen muss, der weniger einbringt als vor der Ehe. Unter Umständen muss sogar der Beruf gewechselt werden. Jedenfalls kann sich der weniger Verdienende nicht bloß auf den Umstand stützen, dass die alte Arbeitsstelle aus gesundheitlichen Gründen nicht mehr in Frage kommt (BGH, XII ZR 84/89, 26. 9.1990, NJW 91, 224).

Arbeitspflicht: Berufsunfähigkeit schützt vor Arbeit nicht

Leichtere Jobs müssen angenommen werden

Wenn einer der ehemaligen Eheleute krank ist und deshalb nicht in seinem Beruf arbeiten gehen kann, muss der andere Unterhalt zahlen. Der Anspruch entfällt aber, wenn der kranke Partner einen leichteren Job annehmen könnte, für den seine Leistungsfähigkeit voll ausreichen würde (BGH, XII ZR 206/91, 27.1.1993, NJW-RR 93, 898).

Arbeitspflicht: Jobsuche muss ernsthaft sein

Wer von seinem geschiedenen Partner Unterhalt will, muss sich auch ernsthaft um Arbeit bemühen. Es reicht nicht aus, einfach zu behaupten, dass man keinen geeigneten Job findet. Das will bewiesen werden: Gerade dann, wenn der Exgatte dagegen nachweisen kann, dass nicht mal beim Arbeitsamt nachgefragt worden ist (OLG Braunschweig, 2 WF 79/95, 15. 8.1995, NJW-RR 96, 454).

Arbeitspflicht: Umschulung ist zumutbar

Sofern keine Kinder zu versorgen sind, kann der geschiedene Ehegatte schon ein Jahr nach der Trennung dazu verpflichtet sein, eine Umschulung mitzumachen. Ziel: Der Unterhaltspflichtige soll möglichst bald von seiner Zahlungspflicht befreit werden, denn grundsätzlich muss jeder Partner nach der Scheidung für sich selbst sorgen (OLG Köln, 27 UF 94/93, 20. 4.1994, NJW-RR 95, 1157).

Arbeitspflicht: Unterhaltszahler muss Beweise bringen

Ob der geschiedene Ehegatte sich um einen Job kümmern muss, wenn er die gemeinsamen Kinder betreut, hängt von vielen Umständen ab. Allgemein kann die Frage weder eindeutig mit Ja noch mit Nein beantwortet werden.
Aber: Ist das Kind jünger als zehn Jahre und/oder geht es noch in die Grundschule, braucht es meist so viel zeitintensive Zuwendung, dass der betreuende Exgatte nicht arbeiten gehen kann.
Sieht das der Unterhaltspflichtige anders, muss er entsprechende Beweise bringen (OLG Hamm, 4 UF 418/92).

Besuchsrecht: Unterhaltskürzung als Strafe

Unterbindet die Mutter/der Vater den Kontakt des Expartners zu seinen Kindern, obwohl ein Besuchsrecht vereinbart worden war, kann sie/er im Gegenzug den vollen Unterhaltsanspruch verlieren. In einem Fall hatten die Richter den Unterhalt um mehr als 500,– DM gekürzt (OLG München, 12 UF 1174/97 – 04/98).

Einkommen: Vermögen muss nach Trennung gut angelegt werden

Erwirbt der Unterhaltsberechtigte mit seinem Anteil aus dem Zugewinnausgleich und einem Darlehen ein neues Haus, muss er sich den Wohnwert bei der Berechnung des Unterhaltsbedarfs anrechnen lassen.

Keine Mitfinanzierung von Eigentum

Andernfalls würde nämlich der Unterhalt zahlende Expartner die Bildung von Grundeigentum praktisch mitfinanzieren. Das aber ist nicht Sinn und Zweck des Unterhalts, sagt der Bundesgerichtshof.
Vielmehr muss der Unterhaltsberechtigte sein Vermögen so ertragreich wie möglich anlegen, unter Umständen auf den Kauf einer Immobilie verzichten, wenn andere Anlagen renditestärker wären.
In solchen Fällen sollte über einen Anwalt geprüft werden, ob eine Unterhaltsänderung (Kürzung) durchzusetzen wäre (BGH, XII ZR 12/96 – 10/97).

Einkommenshöhe: Selbstständiger muss zum Arbeitsamt gehen

Wer Unterhalt zahlen muss, kann nicht um jeden Preis selbstständig bleiben. Erwirtschaftet der Unterhaltspflichtige nach der Scheidung kaum noch Gewinne, muss er unter Umständen auch in eine abhängige Beschäftigung zurück. Zumindest dann, wenn nicht abzusehen ist, dass sich an der Ertragslage des Selbstständigen in absehbarer Zeit etwas ändert. Der Zahlungspflichtige muss sich ernsthaft bemühen, den Unterhalt aufzubringen. Wenn das als Freiberufler nicht geht: ab zum Arbeitsamt (OLG Stuttgart, 16 UF 427/90, 31. 1. 1991, FamRZ 91, 1059).

Hausmänner: Unterhaltspflicht auch ohne Einkommen

Geschiedene Männer sind nicht von der Unterhaltspflicht für die Exfrau und gemeinsame Kinder befreit, wenn sie ihren Arbeitsplatz aufgeben und in der neuen Ehe den Part des Hausmannes übernehmen (BGH, X II ZR 2/95 – 03/96).

Hunde: Auch dafür kann Unterhalt gefordert werden

Der gemeinsame Hund bekommt auch etwas

Die Unterhaltspflicht – meistens die des Mannes – erstreckt sich nach der Trennung nicht nur auf die finanzielle Absicherung von Exfrau und Kindern. Ihm ist grundsätzlich auch zuzumuten, für einen gemeinsamen Hund aufzukommen. Der Unterhaltsberechtigte, so die Richter, habe grundsätzlich Anspruch auf erhöhte Zahlungen, aus denen die Kosten für das Tier bestritten werden können. Sie verwiesen allerdings darauf, dass das Tier für das Wohlbefinden des Betreffenden eine wichtige Rolle spielen muss (OLG Düsseldorf, 2 UFH 11/96 – 10/97).

Intrigen: halber Unterhalt für böswillige Exehefrau

Wenn sich Unterhaltsberechtigte nach der Scheidung böswillig verhalten, kann der Unterhalt aufgrund gerichtlicher Verfügung gekürzt werden. Im Prozess ging es um eine Frau, die ihren Exmann bei dessen Chef mit belastendem Fotomaterial in Misskredit brachte. Folge: fristlose Kündigung wegen Diebstahl. Der Verdacht konnte jedoch nie ausreichend erhärtet werden. Die Frau muss sich nun jedoch mit weniger als dem halben Unterhaltsgeld begnügen (OLG Karlsruhe, 2 UF 30/97 – 07/97).

Krankheit verschwiegen: Unterhaltsanspruch kann verfallen

Trennungsunterhalt wird nur vorübergehend geleistet, außer der Expartner wird z. B. dauerhaft krank. Befristung und Wegfall des Unterhalts kommen aber auch dann in Betracht, wenn der Empfänger dem kaum zahlungsfähigen Partner die Krankheit von Anfang an verschwieg (OLG Karlsruhe, 2 UF 70/96 – 07/97).

Kreditschulden: Raten werden beim Unterhalt berücksichtigt

Das neue Auto, ein neuer Fernseher – vieles wird heute mit Krediten bezahlt. Kommt es zur Scheidung, wirken sich die nötigen Raten auf das Einkommen aus, das für Unterhaltszahlungen zur Verfügung steht, denn wenn die Kredite schon während der Ehe entstanden sind, haben sie die ehelichen Lebensverhältnisse geprägt. Dass der unterhaltspflichtige Partner also wenig Bares in der Haushaltskasse hat, muss sich der andere Exgatte entgegenhalten lassen. Mit etwas Pech ist für Unterhaltszahlungen kein Geld mehr da (OLG München, 12 UF 895/94, 24. 6. 1994, FamRZ 1995, 233).

Raten können den Unterhalt mindern

Lebensstandard: Es zählt nur, was das Einkommen hergab

Ganz allgemein soll der Trennungsunterhalt dem unterhaltsberechtigten Partner einen Lebensstandard wie während der Ehe möglich machen. Wenn dieser Standard jedoch auf Pump zustande kam, muss der Unterhalt nicht auch noch mit Krediten finanziert werden. Der Zahlungspflichtige darf sich spätestens jetzt auf seine wahren Vermögensverhältnisse besinnen und nur so viel zahlen, wie das wirkliche Einkommen zulässt (OLG München, 16 UF 1427/92, 14. 5. 1992, NJW 93, 2186).

Mietersparnis: Unterhaltsempfänger hat keine Nachteile
Wer gegen seinen geschiedenen oder getrennt lebenden Ehegatten Unterhaltsansprüche durchsetzen will, muss seine Forderungen gegen den anderen zunächst einmal selbst beziffern. Dabei muss er von den während der Ehe gültigen Zahlen ausgehen, er kann aber auch Schätzungen anstellen. Auf keinen Fall jedoch hat er einen Anspruch darauf, dass der andere zuerst seine Einkommensverhältnisse offen legt, um ihm bei der Bemessung seiner Unterhaltsansprüche zu helfen oder dafür Anhaltspunkte zu liefern. Erst dann, wenn es wegen vermeintlich zu hoher Unterhaltsforderungen zu Streit kommt, müssen Zahlen genannt und natürlich auch bewiesen werden (BGH, XII ZR 100/93 – 6/94).

Mietersparnis: Unterhalt darf gekürzt werden
Wenn Frau und Kinder im eigenen Haus bleiben

Zieht der Familienvorstand und Alleinverdiener aus und überlässt die Eigentumswohnung oder das Haus seiner Exgattin und den Kindern allein, kann er vom Trennungsunterhalt einen Teil behalten. Nämlich genau das, was die Exfrau auch für eine angemessene Wohnung ausgeben müsste. Sie kann jedoch dagegenhalten: Wie ein Vermieter muss der Exmann alles ersetzen, was für das Haus aufgewendet werden musste. Es kann also für den Unterhaltspflichtigen billiger werden, wenn der andere Partner in eine neue Wohnung zieht (OLG Frankfurt, 3 UF 117/93, 21.12.1993, FamRZ 94, 1031).

Umgangsregelung: Unterhalt wird bei Verstoß gekürzt
Verletzt der unterhaltspflichtige Elternteil die bei der Scheidung getroffene Umgangsregelung für das Kind, so kann der andere ihm den Unterhalt angemessen kürzen, z. B. statt freiwilliger Vereinbarung den laut Düsseldorfer Tabelle vorgesehenen Mindestunterhalt zahlen.
Aber: Wenn die Regelung wieder eingehalten wird, ist auch der Unterhalt wieder voll zu zahlen (OLG Nürnberg, 11 UF 2641/93 – 02/94).

Umzugspflicht: nicht in jedem Fall

Wer nach einer Scheidung Frau und Kinder zu unterhalten hat, muss fast alles unternehmen, um keine Einkommensverluste zu erleiden. Lebt der Unterhaltsschuldner in Gegenden mit hoher Arbeitslosigkeit, kann ihm unter Umständen sogar zugemutet werden, in strukturstärkere Regionen umzuziehen. Das kann von ihm jedoch nicht mehr verlangt werden, wenn er inzwischen mit einem neuen erwerbstätigen Ehepartner und einem weiteren, gemeinsamen Kind zusammenlebt (OLG Hamm, 8 UF 296/97 – 11/97).

Keine Einkommensverluste

Unterhaltserhöhung: Bedarfsnachweis ist Voraussetzung

Wer mehr Unterhalt will, muss seinen gestiegenen Bedarf beweisen. Gerade dann, wenn der Unterhaltsberechtigte mit einem neuen Lebensgefährten zusammenlebt. Was der neue Partner für die gemeinsame Lebenshaltung ausgibt oder ausgeben müsste, wird auf den Unterhaltsanspruch angerechnet. Er muss nur das zahlen, was unter Umständen noch darüber hinausgeht. Der Expartner muss nur den darüber hinausgehenden Bedarf bezahlen. Das heißt: Auch wenn der neue Lebensgefährte sich nicht an den Haushaltskosten beteiligt, braucht der Exgatte nicht mehr den vollen Unterhalt zu zahlen (BGH, XII ZR 226/93, 30.11.1994, FamRZ 1995, 291).

Unterhaltshöhe: Nur der Lebensstandard entscheidet

Der Unterhalt für einen Expartner darf nicht anhand von Mindestsätzen ermittelt werden. Entscheidend ist der Lebensstandard während der Ehe – danach richtet sich die Höhe des Anteils, den der Zahlungsverpflichtete von seinem Einkommen abzweigen muss (BGH, XII ZR 122/93 – 01/95).

Mindestsätze gelten nicht

Verdienst: Fahrtkosten zum Kind dürfen abgezogen werden

Auch wer sich über hohe Unterhaltspflichten ärgert: Man kann nicht einfach irgendwelche Ausgaben gegenrechnen und so den zu zahlenden Betrag verringern. Das käme etwa dem Versuch gleich, einen Teil des Unterhalts in Naturalien zu zahlen. Ob das möglich ist oder nicht, darüber hat das Gericht geschwiegen. Was aber auf keinen Fall aufgerechnet werden darf, sind die Fahrtkosten zum Besuch der gemeinsamen Kinder. Will der Unterhaltspflichtige seine Kinder sehen, muss er die dafür nötigen Aufwendungen allein tragen (BGH, XII ZR 206/93, 9.11.1994, FamRZ 95, 215).

Verdienst: Nur das tatsächliche Einkommen zählt

Bei der Berechnung des Trennungs- beziehungsweise des Kindesunterhalts kommt es vor allem auf das Einkommen des Unterhaltspflichtigen an. Dabei ist maßgebend, wie hoch die Einkünfte tatsächlich sind. Die mögliche Chance, mehr Geld in der Zukunft zu verdienen, darf die gegnerische Partei dagegen nicht einfach zugrunde legen (BGH, XII ZR 70/95 – 03/97).

Zahlungsdauer: Befristung des Unterhalts ist unzulässig

Neuer Job muss definitiv zur Lebenssicherung ausreichen

Unterhalt nach der Ehe muss nur gezahlt werden, solange und soweit sich einer der Partner nicht selbst ernähren kann. Ist noch nicht klar, ob der neue Job für den Lebensbedarf ausreicht, kann der Zahlungspflichtige den Unterhalt nicht einfach befristen. Auch wenn das als »pädagogische Maßnahme« dienen soll: Erst wenn der andere auf eigenen Füßen steht, sind die Zahlungen überflüssig (OLG Celle, 18 UF 87/91, 12.11.1991, NJW-RR 92, 1349).

Zusatzverdienst: trotzdem voller Unterhalt für Mutter

Egal, ob sie arbeiten gehen muss oder nicht: Sobald die Mutter ein eigenes Einkommen erzielt, werden sechs Siebtel davon auf den Unterhaltsbedarf angerechnet. Unter Umständen bedeutet das für den Kindsvater, dass er weniger Unterhalt zahlen muss. Aber: Dagegen kann sie sich wehren. Es muss nachgewiesen werden, dass die Versorgung und Betreuung der Kinder ohne den Zusatzverdienst kaum möglich wäre. Dann ist ihr Einkommen nicht anzurechnen (OLG Hamm, 12 UF 349/93).

Zugewinn- und Versorgungsausgleich

Das gesamte in der Ehe gemeinsam erworbene Vermögen soll bei der Scheidung aufgeteilt werden – darauf hatten wir bereits hingewiesen. Und soweit diese Aufteilung geldwerte Güter betrifft, vom Haus über den Hausrat bis hin zu sonstigen Vermögenswerten wie z. B. dem Auto, wird die Teilung als Zugewinnausgleich bezeichnet.

Dies gilt allerdings nur für den normalen Güterstand der Zugewinngemeinschaft. Bei den anderen Güterständen, die wir (auf Seite 37 f.) bereits erläutert hatten, ergeben sich Besonderheiten:

Vermögensteilung wird bestimmt vom Güterstand

- Bei Gütertrennung findet ein Vermögensausgleich normalerweise nicht statt. Ausnahmen können sich allerdings ergeben, wenn diese im Ehevertrag vereinbart worden sind, was häufig der Fall ist.
- Bei der Gütergemeinschaft wird alles, was den Partnern gemeinsam gehört, untereinander zu gleichen Teilen aufgeteilt.

Allerdings kann auch bei der Gütergemeinschaft von der Teilung ausgeklammert sein, was zum »Sondervermögen« oder zum »Vorbehaltsvermögen« eines der Eheleute gehört.

- Sondervermögen ist das, was nicht durch ein Rechtsgeschäft wie Kauf, Tausch oder andere Wirtschaftsvorgänge übertragen werden kann; z. B. gehören gesetzliche Ansprüche auf Altersrente dazu.
- Vorbehaltsvermögen können die Partner schon im Ehevertrag bestimmen. Sie legen damit fest, auf welche Güter und Werte der andere keinen Anspruch haben soll. Zum anderen kann Vorbehaltsvermögen aber auch dadurch entstehen, dass einer der Partner während der Ehe etwas erbt oder geschenkt bekommt. Normalerweise wird das dann gemeinschaftliches Eigentum der Eheleute. Will der Erblasser oder der Schenker es anders haben,

muss im Testament oder in der Schenkungsurkunde ausdrücklich stehen, dass die Sache nicht ins Ehevermögen soll. So entsteht Vorbehaltsvermögen eines Ehegatten.

So wird Vermögen im normalen Fall der Zugewinngemeinschaft geteilt

Weil nur das aufgeteilt werden soll, was im Verlauf der Ehezeit gemeinsamer Besitz geworden, ist, muss zunächst herausgerechnet werden, was jeder Partner aus eigenem Vermögen eingebracht hat oder während der Ehe persönlich erworben hat (z. B. Erbschaften, Schenkungen, die nicht ausdrücklich an beide Ehegatten gerichtet waren).

Vermögensteile, die bei der Aufteilung des Zugewinns ausgeklammert werden

Werte, die nicht geteilt werden

- Was einem vor der Ehe schon gehörte, z. B. ein Mietshaus, Bauland oder Bargeld. Es empfiehlt sich, des besseren Überblicks wegen solche Vermögenswerte in einer Liste zusammenzustellen.
- Was einem während der Ehe selbstständig zugeflossen ist. Dies betrifft vor allem Erbschaften und Schenkungen
- Als selbstständig zugeflossenes Vermögen gelten auch Erlöse aus Verkauf von Vorbehaltsvermögen oder Erbschaften bzw. Schenkungen in der Ehezeit.

Beispiel: *Die Eltern eines Partners sterben während der Ehe und hinterlassen ein Haus. Dieses Haus wird verkauft. Der Verkaufserlös gehört nicht zum Ehevermögen, sondern wird persönliches Eigentum des Partners, dem es vererbt wurde.*

Fast regelmäßig kommt es außerdem bei der Bestimmung des Anfangsvermögens zum Streit oder doch zu einer irrtümlich falschen Einschätzung. Nämlich dann, wenn einer der Partner hoch verschuldet in die Ehe gestartet ist und diese Schulden erst im Lauf der Ehezeit abgezahlt wurden.

Expertentipp

Oft wird bei einem zum Zeitpunkt der Eheschließung verschuldeten Partner von einem negativen Anfangsvermögen ausgegangen – dies aber ist falsch.

Schulden vor der Ehe richtig berücksichtigen

Der Bundesgerichtshof hat dafür folgende Grundsätze aufgestellt (BGH, XII ZR 71/94, 3. 5. 1995, ZAP EN-Nr 621/95: War am Anfang der Ehe bei einem Partner weniger als Nichts vorhanden, dieser also total verschuldet, soll er seine früheren Kredite nicht im Wege des Zugewinnausgleichs auf den anderen Partner abwälzen können. Folglich wird sein Anfangsvermögen einfach mit »Null« angesetzt. Kommt zu diesem Anfangsvermögen später noch etwas hinzu, das nur zum persönlichen Eigentum gehören soll (Vorbehaltsvermögen), ist das dem Anfangsvermögen von Null dazuzuzählen. Das neue Vermögen wird dem kleinstmöglichen Anfangskapital von Null hinzuaddiert – und zwar in voller Höhe und nicht nur mit dem Betrag, der rechnerisch nach Tilgung aller Schulden noch übrig wäre.

Hinter dieser Regelung steckt der Gedanke, dass während der Ehe beide gemeinsam für den Schuldenabbau des einen gearbeitet haben. Was dafür an Geld aufgebracht werden musste, soll in voller Höhe zum Zugewinn gehören. Deshalb wäre es ungerecht, wenn der am Anfang der Ehe schuldenfreie Partner durch nachträgliche Rechenspiele mit dem Anfangsvermögen benachteiligt werden würde. Dies würde nämlich bedeuten, dass der zum Ehebeginn nicht verschuldete Partner doppelt zur Kasse gebeten wird.

Anfangsvermögen

Häufige Streitpunkte bei Zugewinnausgleich und Gerichtsurteile

Anspruchsverlust: Zugewinnausgleich kann verjähren

Ist die Scheidung rechtskräftig, muss einer der geschiedenen Eheleute möglichst bald beantragen, dass ein Zugewinnausgleich durchgeführt wird. Drei Jahre nach der Scheidung ist es zu spät: Der Anspruch ist verjährt – und damit das Geld weg. Um die Verjährung aufzuhalten, muss zur Not Klage eingereicht werden. Ob die Klage vollständig begründet oder auch nur formal zulässig ist, ändert an der Unterbrechung erst mal nichts. Es muss nur irgendwie dem Gericht bekannt werden, dass einer der beiden einen Zugewinnausgleich haben will. Bis darüber entschieden wurde, verjährt der Anspruch nicht. Hier hatte die Ehefrau schon beim Scheidungsverfahren geltend gemacht, dass sie Zugewinn haben will. Allerdings war sie auf diesen Antrag mehr als drei Jahre lang nicht zurückgekommen (BGH, XII ZR 190/92, 19.1.1994, FamRZ 1994, 751).

Arztpraxis: So wird der Wert ermittelt

Will sich die Gattin eines niedergelassenen Arztes scheiden lassen, kann sie im Wege des Zugewinnausgleichs die Hälfte des Vermögenswertes der Praxis verlangen. Um diesen Wert zu berechnen, müssen der Grundstückswert und das Ansehen des Arztes zusammengerechnet werden. Der Aufschlag für den Goodwill der Praxis beträgt ein Drittel des Gesamtwerts, abzüglich eines Arztlohns nach BAT Ib. So schlagen die Praxis und ihre Einrichtung in der Regel mit zwei Drittel zu Buche (OLG Hamm, 2 UF 5/90, 10.10.1991, NJW-RR 1992, 580).

Erbschaft: Wertzuwachs gehört nicht in den Zugewinn

Wertsteigerung des Ererbten

Was für das Erbe gilt, muss auch bei einer automatischen Wertsteigerung im ererbten Vermögen gelten. Hier hatte ein Ehegatte ein Grundstück geerbt, das aber mit einem Nießbrauchrecht belastet war. Mit den Jahren lief dieses Grundrecht ab, also stieg der Marktwert des Grundstücks. Dieser Vermögenszuwachs gehörte aber dem Ehegatten allein, im Zugewinnausgleich hatte dieses Geld nichts zu suchen (BGH, XII ZR 62/89, 14. 3. 1990, BGHZ 111, 8).

Geschenke: Im Zweifel muss geteilt werden

Schenken Eltern ihrem verheirateten Kind eine größere Geldsumme, ist dieses Geld normalerweise für beide Partner bestimmt. Das bedeutet, bei der Scheidung muss das Geld untereinander aufgeteilt werden, weil es zum Zugewinn gehört. Nur wenn die Eltern ausdrücklich bestimmen, dass dieses Geschenk nur ihrem Kind zugute kommen soll, ist es anders. Dann nämlich wird es dem Anfangsvermögen zugerechnet, und der andere Ehegatte bekommt nichts davon. Es sei denn, die Eltern hätten bereits gewusst, dass die Ehe bald geschieden wird. Ursache für dieses Hin und Her ist die Tatsache, dass die Eltern das Geschenk wieder zurückholen dürfen, wenn sie bei der Schenkung von falschen Voraussetzungen ausgegangen sind. Wussten sie schon bei der Schenkung, dass die Ehe scheitern wird, haben sie sich nicht über die Rahmenbedingungen geirrt. Nur wenn sie das nicht erkannt haben und das Geld der ehelichen Gemeinschaft zugedacht war, können sie sich auf einen Wegfall der Geschäftsgrundlage berufen – das Geld kommt dann nicht in den Zugewinn (OLG Düsseldorf, 5 UF 17/91, 9.2.1994, FamRZ 1994, 1384).

Geschenke: Eventuell muss man etwas zurückgeben

Wenn einer dem anderen etwas schenkt, kann er es normalerweise nur zurückverlangen, wenn der andere groben Undank zeigt. Nicht wesentlich anders ist es im Rahmen einer Ehe. Macht einer dem anderen ein teures Geschenk, das der Lebensgemeinschaft irgendwie zugute kommen soll, kann er es unter Umständen nach der Scheidung zurückverlangen. Hier war es ein ausschüttungsreifer Bausparvertrag. Damit muss man sich nicht einmal besonders beeilen: Solche Zuwendungen verjähren erst in 30 Jahren. Die kürzere dreijährige Verjährungsfrist – wie beim Zugewinnausgleich – gilt für sonstige Zuwendungen nicht (BGH, XII ZR 90/92, 3.11.1993, FamRZ 1994, 228).

Geschenkt bleibt nicht unbedingt geschenkt

Grundbesitz: Vorkaufsrecht verringert den Wert

Der Eigentümer eines Grundstücks hat ein Problem, wenn im Grundbuch ein Vorkaufsrecht eingetragen ist. Dieses Recht bedeutet, dass vor anderen Kaufinteressierten zuerst eine bestimmte Person gefragt werden muss, ob sie das Land kaufen möchte. Hier wurde der vorkaufsberechtigten Forstverwaltung über 30 Jahre ein bestimmter Kaufpreis garantiert. 11 Jahre davon waren bereits verstrichen, dann kam es zur Scheidung. Dabei stellte sich die Frage, mit welchem Wert das Grundstück im Zugewinnausgleich veranschlagt werden sollte. Es hatte einen Marktwert von knapp 300.000,– DM, aber wenn es während der nächsten 19 Jahre verkauft werden würde, durfte die Verwaltung zum Spottpreis von etwas über 50.000,– DM zuschlagen. Also muss der Marktwert um einen angemessenen Betrag verringert werden, um das lästige Vorkaufsrecht zu berücksichtigen. Dafür hätte sich z. B. der Betrag angeboten, den eine Bank als Sicherheit akzeptieren würde, denn mit einem entsprechenden Kredit hätte der Ehemann seiner Exgattin den Zugewinn auszahlen können. Also musste das Grundstück mit der Summe in die Vermögensrechnung eingestellt werden, den eine Bank als Kredit gewähren würde. Den echten Marktwert jedenfalls hätte sich auf die kommenden 19 Jahre niemand sichern können – außer der öffentlichen Hand (BGH, XII ZR 35/92, 7.7.1993, MDR 1993, 1085).

Geringerer Marktwert

Grundschulden: Zugewinn wird entsprechend gekürzt

Auch im Zugewinnausgleich ist ein belastetes Grundstück weniger wert als ein lastenfreies. Das gilt auch für die Belastung mit einem notariell eingetragenen, befristeten Wiederverkaufsrecht. Um den tatsächlichen Wert zu berechnen, muss der Verkehrswert für das unbelastete Grundstück entsprechend gekürzt werden. Dabei kommt es auf das Verhältnis der Gesamtdauer zur Restdauer an (OLG München, 2 UF 1032/91, 20.1.1992, FamRZ 1992, 819).

Grundstückswert: Richter muss alle Gutachten berücksichtigen

Immer wenn Grund und Boden im Spiel ist, wird es schwierig, den Vermögenszuwachs zu berechnen. Dabei kann auch das Gericht mal einen Fehler machen. Liegen z. B. drei Wertgutachten vor, müssen alle diese Gutachten auch im Urteil

Grund und Boden

gewürdigt werden. Hat sich der Richter aber nur mit zweien davon beschäftigt, kann das Urteil nicht richtig sein. Spätestens das Verfassungsgericht wird es aufheben (BVerfG, 1 BvR 266/90, 28. 9. 1990).

Gütertrennung: trotzdem Anspruch auf Zugewinnausgleich

Der Zugewinnausgleich bei einer Scheidung soll das während der Ehe erwirtschaftete Vermögen gerecht unter den Partnern aufteilen. Wird bei der Eheschließung Gütertrennung vereinbart, kann im Scheidungsfall normalerweise kein Zugewinnanspruch geltend gemacht werden. Arbeitet ein Ehegatte jedoch im Betrieb des anderen mit, und vergrößert er dadurch dessen Vermögen, so kann er beim Scheitern der Ehe trotz Gütertrennung einen Ausgleichsanspruch haben (BGH, XII ZR 1/93 – 07/94).

Mitarbeit in der Firma

Kredite: Anfangsvermögen beider Partner verringert sich

Kaufen sich die Eheleute zusammen ein Grundstück, ist der dafür nötige Kredit eine gemeinsame Angelegenheit. Auch dann, wenn die Partner eine Umschuldung vorgenommen haben, wonach nur noch der Ehemann als Schuldner aufgeführt wird. Ihm steht dann ein Ausgleichsanspruch gegen die Ehefrau zu, denn auch sie muss die Hälfte der Zins- und Tilgungsrate bezahlen. Bei einer Scheidung wird das Darlehen dann je zur Hälfte von den beiden Endvermögen abgezogen – mit anderen Worten: Auch die gemeinsamen Schulden werden beim Zugewinnausgleich aufgeteilt (BGH, IX ZR 38/90, 31.1.1991, FamRZ 1991, 1162).

Kredite: Zugewinn gleicht weitere Ratenzahlungen aus

Gemeinsame Schulden verursachen oft Streit, sogar nach der Scheidung. Wurde ein Darlehen gemeinsam beantragt, aber nur vom erwerbstätigen Partner zurückgezahlt, kann er das in seinem Endvermögen geltend machen. Damit verringert sich auf seiner Seite der eheliche Zugewinn. Dass sich der andere Partner nach der Scheidung an den Raten beteiligt, kann er dann nicht mehr verlangen. Denn der hatte schon dadurch gezahlt, dass der Zugewinn niedriger ausfiel (LG Hildesheim, 7 S 13/92, 6. 3. 1992, NJW-RR 1992, 1285).

Landwirtschaft: besondere Vermögensbewertung

Ist der landwirtschaftliche Betrieb lediglich ein Nebenbetrieb eines Viehhandels, wirkt sich das auf die Methode aus, wie der Wert des Betriebs in der Zugewinnberechnung ermittelt wird. Bei Bauernhöfen wird der Ertragswert angesetzt. Das sind die Jahresgewinne des landwirtschaftlichen Betriebs, also alle Einnahmen abzüglich der Ausgaben. Bei anderen Branchen entscheidet der Sachwert, das ist der Verkehrswert von Grundstück und der Firma abzüglich der noch laufenden Kredite. Je nachdem kann die eine oder die andere Berechnungsmethode für einen Ehegatten günstiger sein, der zum Zugewinnausgleich verpflichtet ist. Aber welche Methode die richtige ist, entscheidet das Gesetz. Und sofern der Betrieb nicht zur Landwirtschaft gehört oder der landwirtschaftliche Betrieb bloß eine Nebensache vom eigentlichen Handelsbetrieb ist, muss der Sachwert angesetzt werden (OLG Koblenz, 13 UF 183/89, 21.12.1992, AgrarR 1993, 328).

Ertrags- und Sachwert

Landwirtschaft: Neu gekaufte Flächen werden geteilt

Kauft ein Landwirt Flächen hinzu, muss er bei der Scheidung seiner Ehefrau die Hälfte des Verkehrswerts zahlen. Nur wenn der Kauf nötig war, um seinen Betrieb überhaupt am Leben halten zu können, darf von diesem Grundsatz eine Ausnahme gemacht werden. Jedenfalls schlägt die größere Fläche nicht aufs Anfangsvermögen durch – außer der Landwirt weist nach, dass es gerade in seiner Situation anders sein muss (BGH, XII ZR 57/90, 6. 2. 1991, BGHZ 113, 325).

Verkehrswert

Lebensversicherung: Auszahlung wird nicht aufgeteilt

Was einer der Eheleute von Todes wegen erwirbt, gehört ihm allein. So steht's im Gesetz. Dazu gehört auch das Geld aus einer Lebensversicherung des Verstorbenen. Zumindest dann, wenn einer der Gatten eine besonders enge verwandtschaftliche Beziehung zum Erblasser hatte. Hier starb die Mutter des Ehemanns. Das hieß für seine Gattin: Dieses Vermögen kommt nicht in den Zugewinn, es gehört ihrem Mann allein (OLG Hamm, 3 UF 105/93, 30.11.1993, FamRZ 1994, 1255).

Lebensversicherung: Entscheidend ist der Rückkaufswert

Kapitallebensversicherung

Hat einer der Eheleute eine Kapitallebensversicherung, muss das im Zugewinnausgleich berücksichtigt werden. Als Vermögen wird dabei der Zeitwert angenommen. Also muss hinsichtlich dieser Versicherungspolice festgestellt werden, wie hoch der Rückkaufswert und die Überschussbeteiligung zum Zeitpunkt der Scheidung sind. Diese Summe wird zwischen den Eheleuten aufgeteilt (OLG Stuttgart, 18 UF 202/91, 26.11.1991, FamRZ 1993, 192).

Lebensversicherung: Geld gehört beiden Ehegatten

Schließt ein Ehegatte eine Lebensversicherung ab und bestimmt, dass die Versicherungssumme im Todesfall an den anderen Ehegatten gezahlt werden soll, hat dieser Versicherungsvertrag einen Vermögenswert. Kommt es zur Scheidung, muss dieser Wert im Zugewinn berücksichtigt werden. Das gilt zumindest dann, wenn die Auszahlungsbestimmung trotz der Trennung nicht widerrufen wird (BGH, XII ZR 255/90, 20. 5. 1992, BGHZ 118, 242).

Todesfall: Erbrecht geht vor Zugewinnausgleich

Ein Zugewinnausgleich kann nur unter Lebenden verlangt werden. Stirbt der Ausgleichsberechtigte während des Scheidungsverfahrens, gucken die Nachkommen in die Röhre: Sie können nur Geld verlangen, wenn die Ehe rechtskräftig geschieden worden ist. Ohne rechtskräftige Scheidung aber gibt's keinen Anspruch auf Zugewinnausgleich, den die Erben geltend machen können (BGH, XII ZR 54/94, 8. 3. 1995, FamRZ 1995, 597).

Unternehmenswert: So wird er beim Zugewinn berücksichtigt

Grundlage: der jährliche Gewinn

Fängt ein Ehegatte eine selbstständige Tätigkeit an und kommt es später zur Scheidung, muss irgendwie berechnet werden, wie viel Geld in diesem Betrieb steckt. Denn die Hälfte davon steht beim gesetzlichen Güterstand dem anderen Partner zu. Die meisten Selbstständigen sind jedoch hoch verschuldet, und der Gewerbebetrieb ist folglich nichts wert – er kostet nur Tilgung und Zinsen. Doch das kann nicht ganz stimmen, wenn die Eheleute über Jahre von den Erträgen gelebt haben.

Wie viel ein selbstständiger Betrieb wirklich wert ist, muss also aus dem jährlichen Gewinn zu errechnen sein. Der ist aber nur schwer vorherzusagen und verändert sich von Jahr zu Jahr. Um jetzt trotzdem halbwegs gerecht zu sein, muss der wahre Geldwert irgendwo zwischen dem vorhandenen Kapital und einem Jahresgewinn liegen, meinte das Oberlandesgericht Bamberg. Es zählte den Jahresgewinn und das Kapital zusammen und rechnete die Hälfte davon in den Zugewinn (OLG Bamberg, 2 UF 140/93, 18. 8. 1994, EzFamR aktuell 1994, 400).

Vermögenswerte: Tag des Scheidungsantrags entscheidet

Marktwert zur Scheidung

Wenn nach der Scheidung ein Vermögensausgleich stattfinden soll, streiten sich viele um den Wert einzelner Gegenstände. Sofern es nicht nur um Geld geht, schwankt der Marktwert von Autos, Grundstücken und Konsumartikeln ständig. Entscheidend für die Abrechnung ist aber nur, welchen Wert die Sache zu dem Moment hatte, als die Scheidung rechtskräftig wurde. Das gilt jetzt auch für Ehescheidungen, die noch zur DDR-Zeit stattgefunden haben. Aber: Wenn der Wert einer bestimmten Sache damals gesetzlich festgeschrieben war, kommt es heute allein auf den inneren Wert an. Also auf das, was man auf dem »freien« Markt im Moment der Scheidung bekommen hätte (BGH, XII ZR 38/92, 5. 5. 1993, FamRZ 1993, 1048).

Der Versorgungsausgleich: So werden Rentenansprüche aufgeteilt

In einer Ehe mit Kindern sind nur selten beide Ehepartner voll erwerbstätig. Meistens bleibt die Frau für eine gewisse Zeit zu Hause, kümmert sich um Haushalt und Kinder. Während dieser Jahre, wo sie nur wenige oder gar keine eigenen Einkünfte hat, zahlt sie auch nur geringfügig oder gar nichts in die gesetzliche Rentenversicherung ein. Damit erwirbt sie aber auch nur geringe oder sogar keine Ansprüche auf eine eigenständige Alters- oder Invaliditätsversorgung. Diese Benachteiligung soll durch den Versorgungsausgleich ausgeglichen werden. Der Grundsatz lautet hier: Die Arbeit des Ehepartners, der Kinder und Haushalt versorgt, ist gleichwertig gegenüber der erwerbstätigen Leistung des anderen. Der Unterschied, der sich zwischen den Rentenansprüchen der Ehepartner ergibt, wird halbiert – jeder bekommt die Hälfte.

Hausarbeit und Kinderbetreuung sind gleichwertig mit der Erwerbstätigkeit

Haben Sie einen geringeren Rentenanspruch als Ihr Ehepartner, weil Sie aufgrund von Kindererziehung und Haushaltsführung weniger erworben haben, bekommen Sie die Hälfte des Unterschiedsbetrags. Hat Ihr Mann beispielsweise während der Ehe einen monatlichen Rentenanspruch von 3.500,– DM erworben und Sie 500,– DM, dann muss Ihr zukünftiger Exmann die Hälfte der Differenz an Sie abgeben, also 1.500,– DM. Jeder hat dann also einen Rentenanspruch aus der Ehezeit von 2.000,– DM.

Was alles aufgeteilt wird

Zwischen den Ehepartnern ausgeglichen werden alle von ihnen in der Ehezeit begründeten oder aufrechterhaltenen Rechte, Anwartschaften oder bloße Aussichten auf eine Versorgung wegen Alters oder Berufs- oder Erwerbsunfähigkeit. Dazu zählen:

1. Renten oder Rentenanwartschaften aus den gesetzlichen Rentenversicherungen
2. Ruhegehälter oder Versorgungsanwartschaften für Beamte und sonstige Personen, die in einem Dienstverhältnis

mit Anspruch auf Versorgung nach beamtenrechtlichen Vorschriften oder Grundsätzen stehen

3. Leistungen oder Anwartschaften der betrieblichen Altersversorgung einschließlich der öffentlich-rechtlichen Zusatzversorgung sowie der berufsständischen Versorgungswerke. Dazu gehören auch Altersgeld bzw. Anwartschaften auf Altersgeld nach dem Gesetz über die Altershilfe für Landwirte
4. Renten und Rentenanwartschaften aufgrund eines privaten Versicherungsvertrages (nicht Kapitalversicherungen), der zur Versorgung der Versicherten eingegangen wurde
5. Renten oder Rentenanwartschaften im Ausland, wenn sie Versorgungszwecken dienen

Meistens wird dann vom Rentenkonto des einen Ehegatten ein bestimmter Teil auf das Rentenkonto des anderen übertragen.

Nicht einbezogen werden nur die Rechte und Anwartschaften, die weder mit Hilfe des Vermögens noch durch Arbeit der Ehepartner begründet oder aufrechterhalten worden sind. Dazu gehören besonders Beschädigtenrenten nach dem Bundesversorgungsgesetz, Verletztenrenten aus der gesetzlichen Unfallversicherung, die Landabgaberente nach dem Gesetz über die Altershilfe für Landwirte.

Expertentipp

Versorgungsausgleich auch bei Renten

Ein Versorgungsausgleich wird allerdings auch dann gewährt, wenn beide Ehepartner in einer kinderlosen Ehe ständig erwerbstätig waren, aber der eine Ehepartner deutlich mehr verdient hat als der andere.

Streit ist selten – weil von Amts wegen entschieden wird

Dabei wird der Versorgungsausgleich von Amts wegen festgelegt. Bei einer Scheidung tauchen also nur selten Streitigkeiten darüber auf, welche Rentenansprüche in der Ehezeit

entstanden sind. Manche Ehepaare haben die Sache mit dem Versorgungsausgleich in einem Ehevertrag geregelt. Das ist möglich, allerdings müssen derartige Vereinbarungen entweder notariell beurkundet oder gerichtlich protokolliert werden und bedürfen der Genehmigung des Familiengerichts. Damit soll verhindert werden, dass Ehepartner Verträge machen, die die Frau mit möglicherweise sehr geringer Altersabsicherung benachteiligen.
Sie sehen, hier besteht für Sie ein gesetzlicher Anspruch auf Rente. Sie brauchen also nicht zu befürchten, dass Sie nach einer Trennung von Ihrem Mann mittellos zurückbleiben.

Ehevertrag kann Versorgungsausgleich ausschließen

Grundsätzlich sind Vereinbarungen zwischen den Eheleuten zulässig, in denen ein Verzicht auf Versorgungsausgleich vereinbart wird. Damit nicht einer der Partner den anderen mit einer solchen Vereinbarung knallhart über den Tisch ziehen kann, hat der Gesetzgeber jedoch eine Fristklausel bestimmt.

Expertentipp

Wird der Scheidungsantrag schon vor Ablauf eines Jahres nach Abschluss des Verzichtsvertrages gestellt, ist der Verzicht auf Versorgungsausgleich hinfällig.

Scheidung nicht innerhalb von Jahresfrist

Auf die häufigen Streitfälle um die Gültigkeit einer Verzichtserklärung wird in den Urteilen am Ende des folgenden Anschnittes eingegangen (siehe Seite 148 ff.).

Wie fällt der Versorgungsausgleich aus?

Viele wissen gar nicht, was ihnen nach einer Scheidung eigentlich zusteht, wie hoch der Versorgungsausgleich sein wird. Natürlich sollte eine Scheidung nicht von der Höhe des Versorgungsausgleichs abhängen, doch es ist sinnvoll, sich

vorher darüber Gedanken zu machen, um die Summe in die weitere Lebensplanung mit einzubeziehen.
Auf den folgenden Seiten erfahren Sie deshalb, wie Sie den Versorgungsausgleich berechnen. Dafür müssen Sie zunächst den gesetzlichen Rentenanspruch von Ihnen und Ihrem Mann ermitteln. Das klingt kompliziert, ist es aber nicht. Wichtig: für die Berechnung zählen nur die Ehejahre. Was Sie und Ihr Partner vor der Ehe erwirtschaftet haben, spielt für den Versorgungsausgleich keine Rolle.

So ermitteln Sie den gesetzlichen Rentenanspruch

Verschaffen Sie sich einen Überblick über Ihren Rentenanspruch, der während Ihrer Ehe entstanden ist. Dafür müssen Sie Ihren Rentenanspruch und den Ihres Mannes berechnen. Bei der Berechnung der Rentenansprüche haben Sie zwei Möglichkeiten: Sie können eine grob überschlägige Rentenbetrachtung vornehmen – dafür genügt ein schneller Tabellenvergleich. Wenn Sie es allerdings etwas genauer wissen wollen, können Sie mit Hilfe von Rechenmustern den Rentenanspruch selber berechnen (siehe Seite 135 ff.). Sollten Ihnen Angaben für die Berechnung fehlen, verlangen Sie eine Auskunft vom Rentenversicherungsträger. Dabei helfen unsere Tipps und ein entsprechender Musterbrief (siehe Seite 147 f.).

Rentenansprüche selbst ermitteln

Grundlage für die Berechnung der Rentenansprüche aus Ihrer Ehe sind ausschließlich die Ehejahre, in denen Beiträge an die gesetzliche Versicherung gezahlt wurden, und die Höhe dieser Beiträge. Dabei sind nur zwei Begriffe wichtig: die Entgeltpunkte und der aktuelle Rentenwert. Was sich dahinter verbirgt und wie Sie damit den Rentenanspruch ermitteln, erfahren Sie auf den folgenden Seiten.

Welche Bedeutung die Entgeltpunkte haben

Sie werden für jedes Jahr der Beitragszahlung vergeben. Einen vollen Entgeltpunkt erhält, wer im jeweiligen Jahr mit seinem persönlichen Bruttoarbeitsverdienst genau den Durchschnittsjahresverdienst aller Versicherten traf.

Angenommen, im Jahr 1998 betrug der Verdienst genau 53.745,– DM, dann gibt es für dieses Jahr einen Entgeltpunkt. Denn dieser Betrag entspricht dem Durchschnittsverdienst, der von den Rentenversicherungsanstalten für dieses Jahr ermittelt wurde. Bei einem unterdurchschnittlichen Gehalt und entsprechend niedrigeren Rentenversicherungsbeiträgen gibt es weniger als einen Entgeltpunkt für das jeweilige Jahr, bei höheren Gehältern mehr.

Expertentipp

Weil die Beiträge zur und die Ansprüche aus der gesetzlichen Rentenversicherung einkommensabhängig sind, muss das Verhältnis der eigenen Beitragszahlungen zum Durchschnitt aller Beitragszahler berücksichtigt werden. Dies geschieht dann durch Entgeltpunkte.

Einkommenshöhe entscheidet über die Entgeltpunkte

Um den genauen Wert des Entgeltpunktes zu ermitteln, muss das persönliche Jahresgehalt durch das Durchschnittsgehalt geteilt werden. Besonders hohe Gehälter werden allerdings nur bis zu der jeweils geltenden Beitragsbemessungsgrenze berücksichtigt, die lag im Jahr 1998 bei 100.800,– DM. Daraus ergibt sich, dass für dieses Jahr maximal 1,8755 Entgeltpunkte gesammelt werden konnten. Die folgenden Beispiele zeigen den Zusammenhang.

Rechenbeispiele: Entgeltpunkte bei der Rente

Beispiel 1: Das Gehalt liegt unter dem Durchschnitt

Beispiel für Jahresbruttogehalt (1998: max. 100.800,– DM)	:	**Durchschnittsbruttogehalt** legt Rentenversicherung fest	=	**Entgelt punkte**
↓		↓		↓
50.000,– DM	:	**53.745,– DM**	=	**0,9303**

Beispiel 2: Das Gehalt liegt über dem Durchschnitt

Beispiel für Jahresbruttogehalt (1998: max. 100.800,– DM)	:	**Durchschnittsbruttogehalt** legt Rentenversicherung fest	=	**Entgelt punkte**
↓		↓		↓
78.000,– DM	:	**53.745,– DM**	=	**1,4513**

Um die Summe der Entgeltpunkte zu ermitteln, müssen nur alle während des Berufslebens erworbenen und anhand der eben dargestellten Beispiele errechneten Entgeltpunkte zusammengezählt werden.

Welche Bedeutung der aktuelle Rentenwert hat

Bisher steigender Rentenwert

Der aktuelle Rentenwert wird jedes Jahr zum 1. Juli neu festgelegt; er liegt bisher immer ein bisschen höher als im Vorjahr. In dieser Erhöhung drückt sich die allgemeine Steigerung der Einkommen aus. Von 1991 bis 1999 stieg der Rentenwert in den alten Bundesländern z. B. von 41,44 auf 48,29, in den neuen Bundesländern von 18,35 auf 42,01.

So können jetzt schon Renten berechnet werden

Berechnen Sie nun Ihren Rentenanspruch und den Ihres Mannes. Stehen Ihnen keine Unterlagen zur Verfügung, oder reicht Ihnen eine grobe Schätzung, dann führen Sie, wie nachfolgend beschrieben, eine grobe Renteneinschätzung durch. Wollen Sie die Rentenansprüche allerdings genauer berechnen, lesen Sie ab Seite 135 weiter.

Die grobe Renteneinschätzung

Eine Rentenüberschlagung funktioniert, wenn sich Ihr Einkommen und/oder das Einkommen Ihres Mannes immer ungefähr parallel zum Durchschnitt aller Einkommen entwickelt hat. Sie können auch den Rentenanspruch Ihres Mannes grob einschätzen und Ihren eigenen mit dem Rechenmuster auf Seite 137–141 oder 141–144 genauer berechnen.

Faustregel beim Durchschnittsverdienst

Das Durchschnittsjahresgehalt 1998 betrug 53.745,– DM. Wenn Ihr Mann immer ungefähr das Durchschnittsgehalt verdient hat, wurde mit jedem Jahr ein Rentenanspruch von 48,29 DM in den alten Bundesländern und 42,01 DM in den neuen Bundesländern erworben. Sie müssen also nur die bisherigen Beitragsjahre mit 48 bzw. 42 malnehmen, um in etwa den derzeitigen monatlichen Rentenanspruch Ihres Mannes zu erkennen.
Beachte: Beitragszeiten in der ehemaligen DDR und ab 1992 mit Beschäftigungsort in den neuen Bundesländern erhalten immer den aktuellen Rentenwert Ost. Haben Sie also sowohl Entgeltpunkte Ost als auch West, müssen Sie bei der Berechnung strikt trennen.

Es wird zwischen Rentenwert West und Ost unterschieden

Wenn Sie es noch etwas genauer abschätzen möchten, können Sie noch einmal sein persönliches Jahresgehalt (brutto) mit den Durchschnittswerten vergleichen. Dabei helfen Ihnen die folgenden Übersichten.

Durchschnittlicher Verdienst (West) in den Jahren 1952–1999

Blitzübersicht: Durchschnittsverdienst West					
Vergleichen Sie sein Gehalt mit dem Durchschnitt					
Jahr	Jahresgehalt	Jahr	Jahresgehalt	Jahr	Jahresgehalt
1952	3.852,– DM	1968	10.842,– DM	1984	34.292,– DM
1953	4.061,– DM	1969	11.839,– DM	1985	35.286,– DM
1954	4.234,– DM	1970	13.343,– DM	1986	36.627,– DM
1955	4.548,– DM	1971	14.931,– DM	1987	37.726,– DM
1956	4.844,– DM	1972	16.335,– DM	1988	38.896,– DM
1957	5.043,– DM	1973	18.295,– DM	1989	40.063,– DM
1958	5.330,– DM	1974	20.381,– DM	1990	41.946,– DM
1959	5.602,– DM	1975	21.808,– DM	1991	44.421,– DM
1960	6.101,– DM	1976	23.335,– DM	1992	46.820,– DM
1961	6.723,– DM	1977	24.945,– DM	1993	48.178,– DM
1962	7.328,– DM	1978	26.242,– DM	1994	49.142,– DM
1963	7.775,– DM	1979	27.685,– DM	1995	50.972,– DM
1964	8.467,– DM	1980	29.485,– DM	1996	51.108,– DM
1965	9.229,– DM	1981	30.900,– DM	1997	53.806,– DM
1966	9.893,– DM	1982	32.198,– DM	1998	53.745,– DM*
1967	10.219,– DM	1983	33.293,– DM	1999	53.082,– DM*

ϟ Blitzübersicht: Durchschnittsverdienst Ost					
Vergleichen Sie sein Gehalt mit dem Durchschnitt					
Jahr	Jahresgehalt	Jahr	Jahresgehalt	Jahr	Jahresgehalt
1952	3.628,– DM	1968	6.609,– DM	1984	10.428,– DM
1953	3.883,– DM	1969	6.835,– DM	1985	10.651,– DM
1954	4.157,– DM	1970	7.069,– DM	1986	11.110,– DM
1955	4.268,– DM	1971	7.287,– DM	1987	11.591,– DM
1956	4.392,– DM	1972	7.526,– DM	1988	12.012,– DM
1957	4.551,– DM	1973	7.740,– DM	1989	12.392,– DM
1958	4.849,– DM	1974	8.008,– DM	1990	15.765,– DM**
1959	5.169,– DM	1975	8.301,– DM	1991	25.774,– DM
1960	5.328,– DM	1976	8.534,– DM	1992	32.530,– DM
1961	5.433,– DM	1977	8.801,– DM	1993	36.506,– DM
1962	5.570,– DM	1978	9.073,– DM	1994	38.733,– DM
1963	5.689,– DM	1979	9.311,– DM	1995	41.134,– DM
1964	5.812,– DM	1980	9.448,– DM	1996	42.327,– DM
1965	5.969,– DM	1981	9.768,– DM	1997	43.030,– DM
1966	6.176,– DM	1982	10.016,– DM	1998	43.934,– DM*
1967	6.416,– DM	1983	10.204,– DM	1999	44.768,– DM*

* vorläufige Schätzungen, Basiswerte vom VdR
** Durchschnittsbetrag aus dem 1. und 2. Halbjahr 1990

Durchschnittlicher Verdienst (Ost) von 1952 bis 1999

Stellen Sie fest, dass sein Bruttogehalt immer um die Durchschnittswerte herum pendelte, mal darüber und mal darunter lag, dann können Sie die Faustregel verwenden, die eben vorgestellt wurde.

Wenn das Gehalt nicht dem Durchschnitt entspricht

Haben Sie festgestellt, dass das Gehalt Ihres Ehemanns immer mit etwa gleich bleibendem Abstand über oder unter dem Durchschnitt gelegen hat, holen Sie sich schnell einen Taschenrechner, und ermitteln Sie das Verhältnis seines Gehalts zum Durchschnitt. Das erhalten Sie, indem Sie in einem einfachen Rechenschritt (siehe unten) sein Gehalt durch das durchschnittliche Bruttogehalt teilen.

Bei Gehaltsabweichungen vom Durchschnitt

Liegt es darunter, erhalten Sie als Ergebnis auf Ihrem Taschenrechner immer eine Zahl mit einer Null vor dem Komma. Das bedeutet in der Konsequenz, dass auch die Rente unter dem Rentendurchschnitt liegt.

Liegt sein Gehalt über dem Durchschnitt, steht immer mindestens eine Eins vor dem Komma.

Allerdings berücksichtigen wir keine Werte von mehr als 1,82. Die wären für bestimmte Jahre bei extrem überdurchschnittlichen Gehältern zwar möglich, zur Vereinfachung haben wir jedoch den durchschnittlichen Höchstwert der letzten zehn Jahre ermittelt. Das folgende Rechenmuster hilft Ihnen bei Ihren Rechenoperationen.

Rechenmuster: Grobe Renteneinschätzung

Schritt 1: Ermitteln Sie das Verhältnis seines Gehalts zum Durchschnitt

Sein Bruttojahresgehalt		**Durchschnittliches Bruttogehalt lt. Tabelle**		**Ergebnis: Faktor für 2. Rechenschritt** (siehe nachfolgende Seite)
↓		↓		↓
	:		=	(max. 1,82 eintragen)

Schritt 2: Berücksichtigen Sie die Abweichung vom Durchschnitt und die Jahre der Beitragszahlung

Faktor aus 1. Rechen-schritt		**Beitrags-jahre**		Zwi-schen-summe		Akt. Renten-wert West/Ost		**Monats-rente**
↓		↓		↓		↓		↓
☐	×	☐	=	☐	×	**48,29/ 42,01**	=	☐

Bitte bedenken Sie, dass es sich bei diesem Ergebnis nur um eine sehr grobe Schätzung handelt. Sie kann deshalb nur eine Orientierungshilfe sein.

Die genauere Rentenberechnung anhand des konkreten Verdienstes

Für das folgende Rechenmuster brauchen Sie wieder einen Taschenrechner. Darüber hinaus müssen Sie wissen, was Sie und Ihr Mann in den Jahren Ihrer Ehe verdient haben. Diese Angaben finden Sie in den

Informationsquellen für den Verdienst Ihres Mannes

- Jahresgehaltsmitteilungen des Arbeitgebers bzw. als Gesamtsumme meistens in der Dezembergehaltsabrechnung
- Steuerbescheiden (dort heißen sie sozialversicherungspflichtiges Bruttoarbeitsentgelt)
- Jährlichen Beitragsbescheinigungen der Sozialversicherung (heute oft als verschieden gestaltete Computerausdrucke, früher als herausgetrennte Vordrucke aus dem Versicherungsnachweisheft – das sind kleine Zettel im DIN-A6-Format aus extrem dünnem Durchschreibepapier)

Wenn Sie mit Ihrem Ehepartner bereits in Trennung leben und in diese Unterlagen keine Einsicht nehmen können, dann gibt es zwei Möglichkeiten: Entweder Sie rufen bei dem zuständigen Rentenversicherungsträger (Beispiel: BfA) an und verlangen eine Rentenauskunft für Ihren Mann, oder Sie orientieren sich an der vorherigen groben Renteneinschätzung. Dabei handelt es sich zwar nicht um eine exakte Berechnung, doch Sie erhalten auf jeden Fall eine Vorstellung von dem, was Ihnen zusteht. Ihren eigenen Rentenanspruch können Sie leicht durch einen Anruf bei Ihrem Rentenversicherungsträger erfahren.

Was beim Rentenanspruch zu berücksichtigen ist

Mit Ihren und den Gehaltsangaben Ihres Mannes können Sie relativ leicht die jeweiligen Rentenansprüche ermitteln und damit feststellen, was Ihnen nach einer Scheidung zusteht. Die Berechnung des Rentenanspruchs ist für die alten und neuen Bundesländer unterschiedlich. Der Rechenvorgang für West und Ost ist deshalb getrennt aufgeführt.

Einfaches Rechenverfahren

Lassen Sie sich nicht abschrecken von den zahlreichen Tabellen. Die Berechnung ist wirklich nicht schwierig. Zunächst ermitteln Sie die Entgeltpunkte für die Jahre, in denen Sie verheiratet waren. Hat Ihre Ehe beispielsweise von 1980 bis 1999 gedauert, berechnen Sie für diese 19 Jahre die jeweiligen Entgeltpunkte. Anschließend addieren Sie alle Entgeltpunkte zusammen und multiplizieren diese Summe mit dem entsprechenden aktuellen Rentenwert. Das machen Sie zweimal, einmal für Ihre Einkünfte und einmal für Ihren Mann. So erhalten Sie Ihren und den Rentenanspruch Ihres Mannes für die Zeit Ihrer Ehe. Welcher Anspruch sich daraus ergeben kann, erfahren Sie ab Seite 144 am Beispiel zur Gesamtberechnung des Versorgungsausgleiches.

Die Ermittlung der Entgeltpunkte

Sie können sich die Berechnung des Rentenanspruchs aus Ihren Einkünften sparen, indem Sie sich die Information von Ihrem zuständigen Rentenversicherungsträger holen. Mit einem Anruf oder einem Schreiben (siehe Musterbrief Seite 147 f.) erhalten Sie dort diese Auskunft.

Dann bliebe Ihnen nur noch die Berechnung des Rentenanspruchs Ihres Mannes. Tragen Sie einfach sein persönliches

Jahresbruttogehalt in die Tabelle ein (max. den angegebenen Wert, das ist die Beitragsbemessungsgrenze fürs jeweilige Jahr), und teilen Sie den Betrag dann durch das Durchschnittsgehalt. Als Ergebnis erhalten Sie die Entgeltpunkte (bitte mit vier Stellen hinterm Komma ausrechnen), die am Ende zusammengezählt werden.

Entgeltpunkte für Kindererziehung

Kindererziehungszeiten werden gesondert berücksichtigt

Nur selten nehmen sich Väter eine Auszeit für die Kindererziehung. Doch jeder, der dafür zu Hause bleibt, erwirbt für diese Zeit trotzdem einen Rentenanspruch. Für jedes Kind, das vor 1992 geboren wurde, dürfen sich Mutter oder Vater, je nachdem, für wessen Versicherungskonto Kindererziehungszeiten beantragt werden, 1,0 Entgeltpunkte zusätzlich für die Gesamtrechnung unter »zusätzliche Entgeltpunkte« notieren.
Für Kinder, die ab Januar 1992 geboren wurden, werden 3,0 Entgeltpunkte gutgeschrieben.

Beispiel: *Sie waren von 1985 bis 1990 fünf Jahre wegen der Erziehung Ihres einzigen Kindes nicht berufstätig, dann zählen Sie zu den errechneten Entgeltpunkten aus dem Einkommen außerdem die Entgeltpunkte aus der Kindererziehung hinzu: Sie erhalten in diesem Beispiel für diese Zeit fünf Entgeltpunkte.*

Rechenmuster: Entgeltpunkte für die alten Bundesländer

Rentenanspruch aus den Jahren 1950–1951					
	Beitragspflichtiges Bruttojahreseinkommen			**Entgeltpunkte**	
Jahr	**persönlich** (mit diesem Betrag rechnen Sie)	**maximal** (mit diesem Wert rechnen, wenn pers. höher ist)	**durchschnittlich** (durch diesen Wert wird immer der persönliche oder max. Wert – links – geteilt)	**persönlich** (tragen Sie das Ergebnis hier ein)	**maximal** (höhere Ergebnisse unzulässig)
1950		7200 :	**3161** =		2,2778
1951		7200 :	**3579** =		2,0117

Entgeltpunkte aus den Jahren 1952–1973
(alte Bundesländer)

	Beitragspflichtiges Bruttojahreseinkommen			Entgeltpunkte	
Jahr	**persönlich** (mit diesem Betrag rechnen Sie)	**maximal** (mit diesem Wert rechnen, wenn pers. höher ist)	**durchschnittlich** (durch diesen Wert wird immer der persönliche oder max. Wert – links – geteilt)	**persönlich** (tragen Sie das Ergebnis hier ein)	**maximal** (höhere Ergebnisse unzulässig)
Übertrag aus den Jahren 1950–1951:					
1952		9000 :	**3852** =		2,3364
1953		9000 :	**4061** =		2,2162
1954		9000 :	**4234** =		2,1256
1955		9000 :	**4548** =		1,9789
1956		9000 :	**4844** =		1,8580
1957		9000 :	**5043** =		1,7847
1958		9000 :	**5330** =		1,6886
1959		9600 :	**5602** =		1,7137
1960		10200 :	**6101** =		1,6719
1961		10800 :	**6723** =		1,6064
1962		11400 :	**7328** =		1,5557
1963		12000 :	**7775** =		1,5434
1964		13200 :	**8467** =		1,5590
1965		14400 :	**9229** =		1,5603
1966		15600 :	**9893** =		1,5769
1967		16800 :	**10219** =		1,6440
1968		19200 :	**10842** =		1,7709
1969		20400 :	**11839** =		1,7231
1970		21600 :	**13343** =		1,6188
1971		22800 :	**14931** =		1,5270
1972		25200 :	**16335** =		1,5427
1973		27600 :	**18295** =		1,5086

Entgeltpunkte aus den Jahren 1974–1995
(alte Bundesländer)

	Beitragspflichtiges Bruttojahreseinkommen			Entgeltpunkte	
Jahr	**persönlich** (mit diesem Betrag rechnen Sie)	**maximal** (mit diesem Wert rechnen, wenn pers. höher ist)	**durchschnittlich** (durch diesen Wert wird immer der persönliche oder max. Wert – links – geteilt)	**persönlich** (tragen Sie das Ergebnis hier ein)	**maximal** (höhere Ergebnisse unzulässig)
Übertrag aus den Jahren 1952–1973:					
1974		30000 :	**20381** =		1,4720
1975		33600 :	**21808** =		1,5407
1976		37200 :	**23335** =		1,5942
1977		40800 :	**24945** =		1,6356
1978		44400 :	**26242** =		1,6919
1979		48000 :	**27685** =		1,7338
1980		50400 :	**29485** =		1,7093
1981		52800 :	**30900** =		1,7087
1982		56400 :	**32198** =		1,7517
1983		60000 :	**33293** =		1,8022
1984		62400 :	**34292** =		1,8197
1985		64800 :	**35286** =		1,8364
1986		67200 :	**36627** =		1,8347
1987		68400 :	**37726** =		1,8131
1988		72000 :	**38896** =		1,8511
1989		73200 :	**40063** =		1,8271
1990		75600 :	**41946** =		1,8023
1991		78000 :	**44421** =		1,7559
1992		81600 :	**46820** =		1,7428
1993		86400 :	**48178** =		1,7933
1994		91200 :	**49142** =		1,8558
1995		93600 :	**50665** =		1,8474

Entgeltpunkte aus den Jahren 1996–1999
(alte Bundesländer)

	Beitragspflichtiges Bruttojahreseinkommen			**Entgeltpunkte**	
Jahr	**persönlich** (mit diesem Betrag rechnen Sie)	**maximal** (mit diesem Wert rechnen, wenn pers. höher ist)	**durchschnittlich** (durch diesen Wert wird immer der persönliche oder max. Wert – links – geteilt)	**persönlich** (tragen Sie das Ergebnis hier ein)	**maximal** (höhere Ergebnisse unzulässig)
Übertrag aus den Jahren 1974–1995:					
1996		96000 :	**51678** =		1,8577
1997		98400 :	**53806** =		1,8288
1998		100800 :	**53745*** =		1,8755*
1999		102000 :	**53082*** =		1,9216*
Summe der persönlichen Entgeltpunkte ausrechnen					

* vorläufige Schätzung

Rechenmuster: Umrechnung der Entgeltpunkte in den derzeitigen monatlichen Anspruch auf Altersrente (West)

Entgeltpunkte (Ergebnis aus den Jahren 1950 bis 1999 eintragen)		**aktueller Rentenwert** (hier vorgegeben: Wert für 2. HJ 99)		**Ergebnis: Höhe des monatlichen Rentenanspruchs**
↓		↓		↓
__ , ____	×	**48,29**	=	**DM**

So ermitteln Sie den monatlichen Rentenanspruch (West)

Zählen Sie alle von Ihnen berechneten Entgeltpunkte aus den Tabellen zusammen, und tragen Sie die nun Summe bei

»Entgeltpunkte« unten ein. Multiplizieren Sie dann diesen Wert mit dem aktuellen Rentenwert (West: 48,29) und Sie erhalten den monatlichen Rentenanspruch Ihres Mannes.
Für die neuen Bundesländer wird die Berechnung im Prinzip genauso durchgeführt wie für die alten, allerdings mit anderen Werten. Um eine Angleichung zu den alten Bundesländern zu bewerkstelligen, wird nämlich ein Umrechnungsfaktor eingeführt:

Rechenmuster: Entgeltpunkte für die neuen Bundesländer (1950–1999)

Rentenanspruch aus den Jahren 1950–1962							
	Beitragspflichtiges Bruttojahreseinkommen					**Entgeltpunkte**	
Jahr	**Ihr Bruttoverdienst Ost**	**Umrechnungsfaktor** (Basiswerte VdR)	**persönlich** (mit diesem Betrag rechnen Sie)	**maximal** (mit diesem Wert rechnen, wenn pers. höher ist)	**durchschnittlich** (durch diesen Wert wird der pers. oder max. Wert geteilt)	**persönlich** (tragen Sie das Ergebnis hier ein)	**maximal** (höhere Ergebnisse unzulässig)
1950	×	0,9931 =		7200 :	**3161** =		2,2777
1951	×	1,0502 =		7200 :	**3579** =		2,0117
1952	×	1,0617 =		9000 :	**3852** =		2,3364
1953	×	1,0458 =		9000 :	**4061** =		2,2162
1954	×	1,0185 =		9000 :	**4234** =		2,1256
1955	×	1,0656 =		9000 :	**4548** =		1,9788
1956	×	1,1029 =		9000 :	**4844** =		1,8579
1957	×	1,1081 =		9000 :	**5043** =		1,7847
1958	×	1,0992 =		9000 :	**5330** =		1,6886
1959	×	1,0838 =		9600 :	**5602** =		1,7137
1960	×	1,1451 =		10200 :	**6101** =		1,6719
1961	×	1,2374 =		10800 :	**6723** =		1,6064
1962	×	1,3156 =		11400 :	**7328** =		1,5557

Entgeltpunkte aus den Jahren 1963–1984

	Beitragspflichtiges Bruttojahreseinkommen					Entgeltpunkte	
Jahr	**Ihr Bruttoverdienst Ost**	**Umrechnungsfaktor** (Basiswerte VdR)	**persönlich** (mit diesem Betrag rechnen Sie)	**maximal** (mit diesem Wert rechnen, wenn pers. höher ist)	**durchschnittlich** (durch diesen Wert wird der pers. oder max. Wert geteilt)	**persönlich** (tragen Sie das Ergebnis hier ein)	**maximal** (höhere Ergebnisse unzulässig)
Übertrag aus den Jahren 1950–1962:							
1963	×	1,3667 =		12000 :	**7775** =		1,5434
1964	×	1,4568 =		13200 :	**8467** =		1,5590
1965	×	1,5462 =		14400 :	**9229** =		1,5603
1966	×	1,6018 =		15600 :	**9893** =		1,5769
1967	×	1,5927 =		16800 :	**10219** =		1,6440
1968	×	1,6405 =		19200 :	**10842** =		1,7709
1969	×	1,7321 =		20400 :	**11839** =		1,7231
1970	×	1,8875 =		21600 :	**13343** =		1,6188
1971	×	2,0490 =		22800 :	**14931** =		1,5270
1972**	×	2,1705 =		25200 :	**16335** =		1,5427
1973	×	2,3637 =		27600 :	**18295** =		1,5086
1974	×	2,5451 =		30000 :	**20381** =		1,4720
1975	×	2,6272 =		33600 :	**21808** =		1,5407
1976	×	2,7344 =		37200 :	**23335** =		1,4200
1977	×	2,8343 =		40800 :	**24945** =		1,6356
1978	×	2,8923 =		44400 :	**26242** =		1,6919
1979	×	2,9734 =		48000 :	**27685** =		1,7338
1980	×	3,1208 =		50400 :	**29485** =		1,7093
1981	×	3,1634 =		52800 :	**30900** =		1,7087
1982	×	3,2147 =		56400 :	**32198** =		1,7517
1983	×	3,2627 =		60000 :	**33293** =		1,8022
1984	×	3,2885 =		62400 :	**34292** =		1,8197

Entgeltpunkte aus den Jahren 1985–1999

	Beitragspflichtiges Bruttojahreseinkommen					Entgeltpunkte	
Jahr	**Ihr Brutto-verdienst Ost**	**Umrech-nungs-faktor** (Basis-werte VdR)	**persönlich** (mit diesem Betrag rechnen Sie)	**maximal** (mit diesem Wert rechnen, wenn pers. höher ist)	**durch-schnittlich** (durch diesen Wert wird der pers. oder max. Wert geteilt)	**persönlich** (tragen Sie das Ergebnis hier ein)	**maximal** (höhere Ergebnisse unzulässig)
Übertrag aus den Jahren 1963–1984:							
1985	×	3,3129 =		64800 :	**35286** =		1,8364
1986	×	3,2968 =		67200 :	**36627** =		1,8347
1987	×	3,2548 =		68400 :	**37726** =		1,8131
1988	×	3,2381 =		72000 :	**38896** =		1,8511
1989	×	3,2330 =		73200 :	**40063** =		1,8271
1990/ 1. Hj.	×	3,0707 =		37800 :	**41946** =		0,9012
1990/ 2. Hj.	×	2,3473 =		37800 :	**41946** =		0,9012
1991	×	1,7235 =		78000 :	**44421** =		1,7559
1992	×	1,4393 =		81600 :	**46820** =		1,7428
1993	×	1,3197 =		86400 :	**48178** =		1,7933
1994	×	1,2687 =		91200 :	**49142** =		1,8558
1995	×	1,2317 =		93600 :	**50665** =		1,8474
1996	×	1,2209 =		96000 :	**51678** =		1,8577
1997	×	1,2089 =		98400 :	**52143** =		1,8871
1998	×	1,2001*=		100800 :	**53745***=		1,8755*
1999	×	1,1857*=		102000 :	**53082***=		1,9216*
Summe der Entgeltpunkte ausrechnen							

* vorläufige Daten
****Beachte:** Für Zeiten bis zum 28. 2. 1971 zählt auch der Verdienst über 600,– DM zum beitragspflichtigen Entgelt, für Zeiten ab 1. 3. 1971 nur dann, wenn der Mehrverdienst durch die freiwillige Zusatzversicherung (FZR) abgedeckt ist.

So ermitteln Sie den monatlichen Rentenanspruch (Ost)

Zählen Sie alle von Ihnen berechneten Entgeltpunkte aus den Tabellen zusammen, und tragen Sie die Summe bei »Entgeltpunkte« unten ein.
Multiplizieren Sie dann diesen Wert mit dem aktuellen Rentenwert (Ost: 42,01), und Sie erhalten den monatlichen Rentenanspruch Ihres Mannes.

Rechenmuster: Umrechnung der Entgeltpunkte in den derzeitigen monatlichen Anspruch auf Altersrente (Ost)

Entgeltpunkte (Ergebnis aus den Jahren 1950 bis 1999 eintragen)		**aktueller Rentenwert** (hier vorgegeben: Wert für 2. HJ 99)		**Ergebnis: Höhe des monatlichen Rentenanspruchs**
↓		↓		↓
__ __ , __ __ __ __	×	**42,01**	=	**DM**

Berechnungsbeispiel für den Versorgungsausgleich

Betriebliche und private Altersvorsorge

Neben dem ermittelten gesetzlichen Rentenanspruch werden außerdem die betriebliche und die private (sofern vorhanden) Altersvorsorge in die Berechnung des Versorgungsausgleichs einbezogen.
Diese Angaben benötigen Sie also ebenfalls. Zur Veranschaulichung wurde hier ein Versorgungsausgleich beispielhaft berechnet:
Die Ehe wurde z. B. am 15. August 1978 geschlossen und im November 1999 geschieden. Die eheliche Beitragszeit ist dann die Spanne vom 1. August 1978 bis zum 30. November 1999.

Der Mann hat in der Ehezeit folgende Rentenansprüche erworben	
a) bei der BfA monatlich	555,65 DM
b) bei einer betrieblichen oder sonst privaten Altersvorsorge monatlich	3.841,– DM
Die Frau hat in der Ehezeit geringere Ansprüche erworben	
bei der BfA monatlich	192,47 DM
Versorgungsausgleich	
Summe der Ansprüche des Mannes	4.396,65 DM
Summe der Ansprüche der Frau	192,47 DM
Differenz monatlich	4.204,18 DM
Die Frau bekommt die Hälfte der Differenz als Rentenanspruch übertragen, monatlich	2.102,09 DM

Wer zahlen muss, ist in diesem Beispiel eindeutig. Der Exehemann muss dafür sorgen, dass seine Exgattin zum Ende der Ehe einen Rentenanspruch von insgesamt 2.294,56 DM erhält, davon 2.102,– DM aus seinem eigenen Rentenkonto. Das passiert auf folgende Weise:

Splitting der Rentenansprüche

1. Bei der gesetzlichen Rentenversicherung wird auf den Rentenkonten der BfA umgebucht: Was der Ausgleichspflichtige abzugeben hat, wird von seinem Rentenkonto abgezogen und dem anderen Rentenkonto gutgeschrieben. Diesen Vorgang nennt man »Splitting«.
2. Bei anderen öffentlich-rechtlichen Versorgungsansprüchen, also z. B. bei Beamten, Landwirten oder Anwartschaften auf eine Zusatzversorgung des öffentlichen Dienstes, geht das Verfahren im Prinzip genauso. Der jeweilige Leistungsträger überträgt einfach den Rententeil an die gesetzliche Rentenversicherung.
   Wie viel Geld vom einen an den anderen Versicherer übertragen wird, regeln die beteiligten Organe selbst. Das ist das »Quasi-Splitting«.

3. Bei privaten Ansprüchen ist der Versorgungsausgleich schwieriger, z. B. aus einer betrieblichen oder privaten Altersversorgung. In gewissem Umfang kann der Ausgleich dadurch passieren, dass
   - Beiträge für die gesetzliche Rentenversicherung nachgezahlt werden. Das ist der Normalfall.
   - Manchmal kommt es auch zu einem »schuldrechtlichen Versorgungsausgleich«. Das heißt, sobald der Zahlungspflichtige seine Rente genießen könnte, muss er einen Teil davon an seinen geschiedenen Partner abgeben. Wenn der Zahlungspflichtige stirbt, kann sich der Anspruch auch gegen den privaten Rententräger richten (»verlängerter schuldrechtlicher Versorgungsausgleich«).

In unserem Beispiel oben muss der Mann in der gesetzlichen Rentenversicherung eine Anwartschaft von monatlich 181,59 DM auf das Konto seiner Exfrau übertragen lassen (die Hälfte der Differenz zwischen 555,65 DM und 192,47 DM). Wie der Rest von 1.920,50 DM auf ihr Rentenkonto kommt, muss – wenn sich die ehemaligen Eheleute nicht selbst irgendwie einigen – das Gericht entscheiden. Der bessergestellte Partner könnte Versorgungsausgleich dadurch veranlassen,

Wie der Versorgungsausgleich herbeigeführt wird

- Dass er für den anderen Beiträge an die gesetzliche Rentenversicherung nachzahlt
- Beim Rententräger eine Umbuchung veranlasst oder
- Die Versorgung durch ein Sondervermögen (z. B. eine Lebensversicherung) sicherstellt

Die amtliche Rentenauskunft

Auf Antrag erhält jeder Versicherte seine Rentenauskunft. Ist es besonders eilig, sollten Sie das Ihrem Versicherungsträger mitteilen – und natürlich auch die Gründe für die Eilbedürftigkeit. Diese liegen z. B. vor, wenn Sie eine selbstständige Tätigkeit planen, aber auch bei einer anstehenden Scheidung kann Eile gegeben sein.

Allerdings kann es passieren, dass Sie auf Ihr Schreiben an den Rentenversicherungsträger zunächst mal einen Fragebogen zugeschickt bekommen, den so genannten »Antrag auf Kontenklärung«. Dies ist immer dann der Fall, wenn Sie nicht seit dem 16. Lebensjahr durchgehend selbst Beiträge gezahlt haben. In diesen Fällen müsste nämlich ermittelt und geprüft werden, wer sonst welche Beiträge für Sie geleistet hat (z. B. Bundesanstalt für Arbeit, Krankenkasse) und wie diese Beiträge zu bewerten sind. In einigen Fällen werden deshalb weitere Fragebögen mit ergänzenden Angaben erforderlich, z. B.

Antrag auf Kontenklärung

- Wenn Sie zwar immer in den alten Bundesländern gelebt, zeitweise aber bei einer Firma in den neuen Bundesländern beschäftigt waren
- Wenn Sie immer in der ehemaligen DDR oder in den neuen Bundesländern gearbeitet bzw. gelebt haben
- Wenn Sie vorübergehend im Ausland gelebt und gearbeitet haben

Nähere Informationen erhalten Sie dann aber von Ihrem Rentenversicherungsträger. Zunächst sollten Sie diesen um eine Rentenauskunft bitten. Der folgende Musterbrief hilft Ihnen bei der Formulierung.

Musterbrief: Feststellung der Rentenansprüche
(kursive Texte in Klammern geben Hinweise zum Ausfüllen)

Absender … *(Name, Anschrift)* Datum …

Versicherungsnummer …
(aus Sozialversicherungsnachweisheft oder Einzelnachweisen entnehmen, die jeweils zum Jahresende vom Arbeitgeber ausgestellt werden)

An …
(BfA bei Angestellten oder Landesversicherungsanstalt, aus Versicherungsnachweisen erkennbar)

Betrifft: **Auskunft über meine Rentenansprüche**

Sehr geehrte Damen und Herren,

unter der o. a. Versicherungsnummer bin ich bei Ihnen rentenversichert. Ich erbitte nun Angaben zu meinen bisher erworbenen Rentenansprüchen, weil mein Mann und ich uns scheiden lassen werden und ich mir deshalb einen Überblick über die bereits jetzt bestehenden Rentenansprüche und eventuelle Versorgungslücken verschaffen möchte, auch zur Klärung der Fragen nach freiwilliger Mitgliedschaft und zusätzlicher privater Altersvorsorge.

Ich darf Sie deshalb bitten, meine Anfrage möglichst bald zu beantworten. Sollten Sie Rückfragen haben, stehe ich Ihnen dafür gern zur Verfügung.

Mit besten Grüßen

... *(Unterschrift)*

Häufige Streitfälle beim Versorgungsausgleich und Gerichtsurteile

Anspruchsverlust: Strafe für undankbares Verhalten

Grobe Unbilligkeit

Bei einer Scheidung soll der Versorgungsausgleich Rentenansprüche gerecht teilen, die während der Ehe in unterschiedlicher Höhe entstehen (weil einer arbeitet, der andere die Kinder versorgt). Der Ausgleich kann aber bei grober Unbilligkeit entfallen. In diesem Fall hatte sich der Mann so verabredet, dass die Termine seiner Liebschaften in die Zeit von Wochenend- und Nachtarbeit seiner Frau fielen. Weil sie damit zusätzliche Einkünfte fürs gemeinsame Leben erzielen wollte, wurde sein Verhalten als besonders undankbar bewertet – er verlor seinen Ausgleichsanspruch (OLG Bamberg, 2 UF 308/96 – 06/97).

DDR-Scheidung: Versorgungsausgleich nach West-Regeln

Der deutsche Einigungsvertrag bestätigt zwar grundsätzlich die Wirksamkeit von Urteilen, die von DDR-Gerichten ergangen waren. Wenn aber eine Ehe auf Betreiben eines Ehegatten in der DDR geschieden wurde und der andere in der Bundesrepublik ein Feststellungsurteil erwirkt hatte, nach dem die Ehe fortbesteht, fehlt dem DDR-Urteil die Anerkennung. Ein späteres, nach dem Beitritt eingeleitetes Scheidungsurteil ist dann maßgebend. Hier hatte die seinerzeit in der BRD lebende Frau 1994 die Scheidung beantragt, nachdem sie dem DDR-Scheidungsurteil 1966 widersprochen hatte. Der Mann, der sich darauf berief, eine Ehe könne nicht zweimal geschieden werden, wird nun trotzdem zum Versorgungsausgleich gebeten, allerdings nicht in voller Höhe (BGH, XII ZR 19/97 – 11/98).

DDR-Scheidungen zum Zeitpunkt der Wende

Ehevertrag: Verzicht auf alle Ansprüche ist sittenwidrig

Wer bei der Heirat einen Ehevertrag abschließen will, darf dabei sogar den Versorgungsausgleich bei Scheidung ausschließen. Der Vertrag gilt jedoch als sittenwidrig, wenn die Beteiligten gleichzeitig Gütertrennung und Unterhaltsverzicht vereinbaren. Das trifft besonders auf Fälle zu, in denen klar ist, dass die Frau keine Rentenanwartschaften (z. B. in einer Hausfrauenehe) erwerben wird (OLG Schleswig, 19 UF 81/98 – 03/99).

Rentenanspruch: Versorgungsausgleich ersetzt keine Beitragszeiten

Wer Rentenanwartschaften durch einen Versorgungsausgleich nach der Scheidung erwirbt, hat nur einen betragsmäßig höheren Rentenanspruch. Sofern einzelne Gesetze bestimmte Beitragszeiten vorsehen, wirkt sich der Ausgleich nicht aus. Das heißt: Auch wer in der gesetzlichen Rentenversicherung durch einen Versorgungsausgleich höhere Anwartschaften bekommt, muss trotzdem noch dafür sorgen, dass die nötigen Beitrags- und Wartezeiten eingehalten werden (BSG, 4 RA 38/91 – 11/92).

Beitrags- und Wartezeiten einhalten

Rentenhöhe: Kein Versorgungsausgleich zu Lasten der BfA

Verzichtet ein Ehepartner zum Teil auf einen Versorgungsausgleich, darf das nicht zu Lasten der Versicherungsanstalt gehen. Die BfA kann sich weigern, einem der Eheleute mehr zu zahlen, als ihm zum gesetzlichen Ende der Ehezeit zustehen würde. Für die Versicherung kommt es nur darauf an, wann die Ehe tatsächlich geschieden wird. Die Eheleute dürfen keine Vereinbarung zu Lasten der Rentenversicherung treffen (OLG Nürnberg, 7 UF 422/94 – 03/95).

Studium: Versorgungsausgleich kann ungerecht sein

Kein Versorgungsausgleich bei Studium eines Partners innerhalb der Ehe

Gerichte sind dafür da, grobe Ungerechtigkeiten auszubügeln. Hat z. B. ein Ehegatte als Alleinverdiener dafür gesorgt, dass der andere studieren kann, muss er nicht auch noch auf sein Rentenkonto verzichten. Kommt es kurz nach dem Examen zur Scheidung, hat der ehemalige Alleinverdiener nämlich keinen Vorteil aus dem künftigen Einkommen seines Expartners. Obwohl die neuen Einkünfte vielleicht fest eingeplant waren. Der Studierte kann sich jetzt dank seiner Ausbildung eine eigene Altersversorgung aufbauen und ist auf den Versorgungsausgleich nicht mehr angewiesen. Unter diesen Umständen wäre es grob ungerecht, den während der Ehe stärker belasteten Partner auch noch um seine Rentenanwartschaften zu bringen. Folge: kein Versorgungsausgleich; und das ohne Verzichtsklausel im Ehevertrag (OLG Köln, 25 UF 102/93 – 03/94).

Verzicht: Ehevertrag kann aufgehoben werden

Bei einem Ehevertrag ist wichtig, was die Eheleute mit den Regelungen bezwecken. Stellen sie sich z. B. bei einem gegenseitigen Verzicht auf Versorgungsausgleich vor, dass sie jeweils eine eigene Altersversorgung aufbauen werden, muss sich diese Erwartung auch erfüllen. Sonst ist die Vereinbarung unwirksam und kann vom Gericht aufgehoben werden. Bleibt z. B. einer der beiden zu Hause, um ein gemeinsames Kind zu erziehen, ist damit die Geschäftsgrundlage des Ehevertrags entfallen. Die Folge: Man kann den Ehevertrag aufheben lassen und bei einer Scheidung Versorgungsausgleich verlangen (OLG München, 2 UF 1322/93 – 05/94).

Verzicht: Gericht muss zustimmen

Einigen sich die Eheleute bei einer Scheidung darauf, dass kein Versorgungsausgleich stattfinden soll, muss das vom Gericht genehmigt werden. Der Richter prüft, ob beide Partner ohne den Versorgungsausgleich noch wirksam gegen Erwerbsunfähigkeit oder Alter abgesichert sind. Er stützt sich vor allem darauf, dass dem Verzicht auf der einen Seite ein Vermögenswert gegenübersteht, der einen Versorgungsausgleich entbehrlich machen kann. Diese Bedingung ist nicht erfüllt, wenn der Exehemann nur verspricht, dass er seine ehemalige Partnerin von allen Unterhaltsansprüchen des gemeinsamen Kindes freihalten wird. Denn das sichert die geschiedene Frau weder gegen Erwerbsunfähigkeit noch im Alter (OLG Celle, 15 UF 95/94 – 03/95).

Erwerbsunfähigkeit und Alter müssen für den schwächeren Partner gesichert sein

Verzicht: Versorgungsausgleich kann beschränkt werden

Der Grundsatz »Alles oder Nichts« gilt nicht für den Versorgungsausgleich: Die Eheleute können sich durchaus darauf einigen, dass ein Versorgungsausgleich nur für diejenigen Anwartschaften durchgeführt wird, die in einem bestimmten Zeitraum entstanden sind. In der Praxis müssen dann erst die Anwartschaften für die gesamte Ehe ermittelt werden. Davon sind dann die Beträge abzuziehen, die auf die Zeit zwischen dem vereinbarten und dem tatsächlichen Ende der Ehe entfallen (OLG München, 16 UF 1488/93 – 02/94).

Verzichtserklärung: Sie bleibt gültig

Wenn ein Scheidungsantrag zurückgewiesen wird, hebt er einen Verzicht auf Versorgungsausgleich nicht auf, auch wenn der Antrag eigentlich rechtzeitig bei Gericht war. Daran ändert sich nichts, wenn die Ehe kurz danach wegen eines neueren Antrags geschieden wird. Es kommt eben allein darauf an, dass innerhalb eines Jahres ein wirksames

Scheidungsverlangen bei Gericht eingeht und dem anderen Partner zugestellt wird (OLG Frankfurt, 6 UF 70/89 – 12/89).

Verzichtserklärung: Wer seinen Partner anlügt, muss zahlen

Wer keinen Scheidungsantrag stellt, weil der andere behauptet, ein solcher Antrag sei bereits unterwegs, muss nicht automatisch auf den Versorgungsausgleich verzichten. Normalerweise ist der Verzicht auf einen Versorgungsausgleich wirksam, wenn nicht einer der Eheleute innerhalb eines Jahres nach dem Ehevertrag die Scheidung beantragt. Der Scheidungswillige sollte das spätestens dann tun, wenn er sicher weiß, dass der andere geflunkert hat. Lässt er sich zu viel Zeit, kann er sich irgendwann nicht mehr auf das irreführende Verhalten seines Gatten berufen: Der Verzicht ist dann trotzdem wirksam (BGH, XII ZB 9/90 – 01/93).

Verzögerung: Versorgungsausgleich kann verringert werden

Die Dauer der Ehe ist maßgeblich für den Versorgungsausgleich

Beim Versorgungsausgleich (Teilung des Rentenanspruchs) spielt die Dauer der Ehe eine entscheidende Rolle. Aber: Nicht in jedem Fall erhöht sich der Anspruch, wenn das Scheidungsverfahren lange hinausgezögert wird. Im verhandelten Fall ging es um eine Trennung nach elf Jahren Ehe. Der Antrag auf Scheidung wurde jedoch erst nach weiteren zehn Jahren gestellt, so dass es beim Prozess um 21 Jahre gehen sollte. Die Richter stellten jedoch auf den Normalfall ab. Da vergeht zwischen Trennung und Scheidung nur etwa ein Jahr. Versorgungsausgleich gab es deshalb nur für insgesamt zwölf Jahre (OLG Koblenz, 13 UF 174/98 – 02/99).

Einigkeit bringt auch Vorteile beim Finanzamt

Die Trennung von Ehepaaren wirft eine Vielzahl steuerrechtlicher Fragen auf. Und gleich zu Anfang sei noch einmal der besondere Wert von einvernehmlichen Regelungen erwähnt: In solchen Fällen bietet sich die Chance, eine für beide Seiten steuerlich günstige Gestaltung auszuarbeiten, bei der nur einer den Kürzeren zieht: das Finanzamt.

Scheidung und Finanzamt

Fakt ist nämlich, dass sich bei einer Scheidung Besteuerungsgrundlagen und Steuersätze ändern und das Finanzamt nicht selten noch am Schicksal der Leidtragenden kräftig verdient. Wie sich dieser unerfreuliche Effekt vermeiden lässt, soll im folgenden Kapitel detailliert beschrieben werden. Auch deshalb, weil diese Aspekte wohl wegen der komplizierten Materie in vielen Ratgebern ausgespart werden.

Gestaltungsmöglichkeiten vor der Scheidung

Ehegatten, die beide unbeschränkt einkommensteuerpflichtig sind und (noch nicht) dauernd getrennt leben, können (nach § 26 EStG) zwischen getrennter und gemeinsamer Veranlagung wählen. Die gemeinsame Veranlagung ist meistens günstiger, da die Einkommensteuerveranlagung dann nach der Splittingtabelle erfolgt.

Gemeinsame Veranlagung vor der Scheidung

Hier werden die Ehegatten im steuerlichen Ergebnis so gestellt, als ob jeder die Hälfte des gemeinsam zu versteuernden Einkommens erzielt hätte. Hinzu kommt die Verdoppelung von Freibeträgen bzw. Pauschbeträgen. Die Zusammenveranlagung ist umso günstiger

- Wenn einer der Ehegatten entweder der Alleinverdiener ist oder
- Einer der Ehegatten etwa zwei Drittel des Gesamteinkommens verdient

Liegen die Einkünfte aller Einkunftsarten der Ehegatten ungefähr gleich hoch, kann sich der Vorteil aus der Zusammenveranlagung verringern.

Die richtige Wahl der Veranlagungsart

Haben die Eheleute noch einen Tag zu Beginn des Jahres, in dem die Trennung erfolgte, zusammengelebt, kann für dieses Jahr die Zusammenveranlagung gewählt werden.
Eine dauernde Trennung liegt nicht vor, wenn zwischen den Ehegatten eine eheliche Lebensgemeinschaft besteht, was bei einem gemeinsamen Wohnsitz zumindest äußerlich zu bejahen ist. Diejenigen, die möglichst lange nach der Splittingtabelle versteuert werden möchten, werden deshalb versuchen, nach außen hin die Lebens- bzw. Wirtschaftsgemeinschaft aufrechtzuerhalten. Die Finanzverwaltung kann im Zweifelsfall zwar versuchen, die Scheidungsakten einzusehen. Dies jedoch können Sie durch Widerspruch verhindern (BFH 12. 6. 1991, III R 106/87, BStBl. 1991 II S. 806).
Erst wenn sich bei einem der Ehegatten der Wohnsitz ändert, müsste ab dem darauf folgenden Jahr die meistens ungünstigere getrennte Veranlagung durchgeführt werden.

Expertentipp

Gemeinsame Veranlagung trotz Auszug

Sind sich die getrennten Ehegatten einig, kann der gemeinsame Wohnsitz beibehalten werden, auch wenn ein Partner schon ausgezogen ist und z. B. bei einem neuen Partner lebt. Selbst wenn ein Ehegatte bereits in einer anderen Wohnung angemeldet ist, kann dieser Wohnsitzwechsel als nur vorübergehend dargestellt werden. Die Zusammenveranlagung kann auch noch in den Fällen gewählt werden, wenn die Ehegatten erklären, dass sie trotz getrennter Wohnsitze noch mal einen Versöhnungsversuch starteten und deshalb Anfang Januar noch mal zusammengezogen sind. Die oft weitaus günstigere gemeinsame Veranlagung kann so praktisch erhalten bleiben, bis sich die Partner scheiden lassen.

Außerdem kann die zweite Wohnung als zusätzliche Ehegattenwohnung deklariert werden, z. B.

- Für ein Hobby, das zusätzlichen Raum einnimmt (Atelier, Werkstatt)
- Als Büroräume etwa für eine nebenberufliche Tätigkeit
- Als Wochenendwohnung, falls die zweite Wohnung etwas außerhalb und nicht im gleichen Ort wie die erste Wohnung liegt
- Als Wohnung für die doppelte Haushaltsführung (dies jedoch maximal nur für zwei Jahre), falls die zweite gewählte Wohnung räumlich wesentlich näher am Arbeitsplatz liegt

Expertentipp

Wohnen Sie aus beruflichen Gründen in zwei verschiedenen Bundesländern, können Sie bis zur Scheidung völlig ohne Probleme seitens des Finanzamts von der Zusammenveranlagung profitieren. Dies ist insbesondere dann vorteilhaft, wenn der besser verdienende Ehegatte steuerlich von den Abschreibungsbeträgen (§ 10e EStG) oder den Zulagen (Eigenheimzulage) des anderen Ehegatten profitiert.
Entscheidend ist wirklich, dass zwischen beiden Wohnorten eine Ländergrenze verläuft – ob die Wohnorte trotzdem nur wenige Kilometer auseinander liegen, spielt dabei überhaupt keine Rolle.

Der Trick mit der Wohnung im anderen Bundesland

Teure Wiederheirat im Scheidungsjahr

Eheleute können im Scheidungsjahr zwischen Zusammenveranlagung (§ 26b EStG) und getrennter Veranlagung (§ 26a EStG) wählen, wenn sie zumindest am 1. Januar des Jahres zusammengelebt haben. Dieses Wahlrecht entfällt allerdings, wenn einer der Ehegatten im Jahr der rechtskräftigen Scheidung wieder heiratet. Dann besteht ein Wahlrecht zwischen den beiden Veranlagungsarten nur zugunsten der neuen Ehe (§ 26 Abs. 1 Satz 2 EStG). Der geschiedene, nicht wieder verheiratete Ehepartner wird dann einzeln veranlagt, jedoch lt. § 32 Abs. 6 Nr. 2 EStG nach der Splittingtabelle versteuert.

Erfolgt auch hier eine Wiederverheiratung im Jahr der rechtskräftigen Scheidung, kann eine Versteuerung nach der Splittingtabelle nur durch Zusammenveranlagung mit dem neuen Ehepartner erreicht werden.

Wann wirkt sich getrennte Veranlagung günstiger aus?

Grundsätzlich ist die getrennte Ehegattenveranlagung (nach § 26a EStG) angesagt, wenn einer der Ehegatten diese Veranlagungsart wählt (§ 26 Abs. 2 Satz 1 EStG). Wenn die Eheleute am 1. Januar des Jahres schon nicht mehr zusammengelebt haben, werden sie in jedem Fall getrennt veranlagt. Bei dieser Veranlagungsart wird jeder Ehegatte mit seinen eigenen Einkünften besteuert, es werden nur die einfachen Freibeträge gewährt, und die Versteuerung erfolgt nach der – oft weitaus ungünstigeren – Grundtabelle. Die getrennte Veranlagung kann jedoch auch in einigen Fällen günstiger sein als die Zusammenveranlagung. Hierfür gibt es eine Reihe von Beispielen:

Günstige Voraussetzungen für getrennte Veranlagung

- Beide Ehegatten erzielen Einkünfte, jedoch ein Ehegatte bezieht ausschließlich steuerfreie Einkünfte, die nur Einfluss auf die Höhe des Steuersatzes haben (Progressionsvorbehalt).

  Beispiel: *Ein Ehegatte bezieht Arbeitslosengeld, Mutterschaftsgeld, ausländische Einkünfte.*
- Abschreibungsbeträge für Immobilien (nach § 10e EStG) sollen beansprucht werden, jedoch übersteigt der Gesamtbetrag der Einkünfte die Einkommensgrenzen. Steht die selbst genutzte Immobilie im Alleineigentum des Ehegatten mit den niedrigeren Einkünften, kann die Inanspruchnahme der Abschreibungsbeträge im Gesamtergebnis günstiger sein als die Versteuerung nach der Splittingtabelle.

- Die Eigenheimzulage ist in Gefahr, da auch hier auf den Gesamtbetrag der Einkünfte abgestellt wird (Grenze: 480.000,– DM für Verheiratete in zwei Jahren).
- Einer der Ehegatten erzielt gewerbliche Einkünfte – hier greift die Tarifbegrenzung (nach § 32c EStG) bei getrennter Veranlagung derzeit (1999) schon bei einem zu versteuernden Einkommen ab 93.744,– DM, bei Zusammenveranlagung erst ab dem doppelten Betrag.
- Ein Ehegatte hat Verluste aus einer anderer Einkunftsart und der andere hat nicht zu hohe Einkünfte.

Wie funktioniert die getrennte Veranlagung?

Die Versteuerung erfolgt immer nach der Grundtabelle, genauso wie bei einer Einzelveranlagung. Es gibt jedoch Unterschiede bei den Höchstbeträgen für die außergewöhnlichen Belastungen:

- Die **Ehegatteneinkünfte** werden jeweils getrennt ermittelt. Hat einer der Ehegatten kein eigenes Einkommen, können sich mögliche Sonderausgaben, außergewöhnliche Belastungen und die ihm zustehenden Freibeträge nicht auswirken.
- **Unterhaltsleistungen** an einen in früheren Jahren geschiedenen Ehegatten kann nur der Unterhaltszahler in seiner eigenen jährlichen Einkommensteuererklärung geltend machen. Das Gleiche gilt des Weiteren auch für Unterhaltszahlungen an den jetzigen dauernd getrennt lebenden Ehegatten.

Außergewöhnliche Belastungen bei der getrennten Veranlagung

- Der **Altersentlastungsbetrag** (§ 24a EStG) wird für jeden Ehegatten gesondert berechnet. Er gilt für Steuerpflichtige, die das 64. Lebensjahr vollendet haben, und beträgt 40 Prozent der Summe der positiven Einkünfte. Ausgenommen sind aber Einkünfte aus nichtselbstständiger Arbeit, Leibrenten und Versorgungsbezügen. Der Höchstbetrag liegt bei jährlich 3.720,– DM.
- Der Höchstbetrag für die **Vorsorgeaufwendungen** (§ 10 Abs. 3 EStG) sowie die Vorsorgepauschale (§ 10c EStG) werden für jeden Ehegatten gesondert berechnet.

- **Sonderausgaben** kann nur der Ehegatte abziehen, dem sie entstanden sind. Der Höchstbetrag für Spenden (§§ 10b und 34g EStG) wird für jeden Ehegatten getrennt errechnet.
- Bei einem **hauswirtschaftlichen Beschäftigungsverhältnis** (§ 10 Abs. 1 Nr. 8 EStG) werden die Höchstbeträge auf die Ehegatten aufgeteilt, sofern nicht eine andere Verteilung gewählt wird.
- Vergünstigungen für **selbst genutztes Wohneigentum** (Abschreibung nach § 10e EStG, Baukindergeld) kann nur der Ehegatte beanspruchen, dem die Immobilie bürgerlich-rechtlich gehört. Eigenheimzulage, Ökozulage und Kinderzulage sind als Barauszahlungen zwar nicht abhängig von der Veranlagungsart. Sie werden jedoch auch nur dem Eigentümer ausgezahlt (sofern er die Immobilie noch selbst bewohnt) und fehlen somit dem anderen in der Haushaltskasse.

Getrennte Veranlagung kommt oft Einzelveranlagung gleich

- Gehört die **Immobilie** beiden Ehegatten, haben beide Anspruch auf die Abschreibung (§ 10e EStG) sowie das Baukindergeld. Vorsicht: Eine Übertragung auf den anderen Ehegatten ist ausgeschlossen!
- Bei den **außergewöhnlichen Belastungen** (§§ 33 und 33a EStG) werden die zumutbare Eigenbelastung sowie die Freibeträge wie für Ehegatten berechnet. Der Gesamtbetrag der außergewöhnlichen Belastungen wird jedoch bei jedem Ehegatten hälftig berücksichtigt, sofern nicht seitens der Steuerpflichtigen eine andere Verteilung gewählt wird.
- Dieses Wahlrecht entfällt für den **Behindertenpauschbetrag** für ein gemeinsames Kind. Hier erfolgt ausschließlich eine hälftige Berücksichtigung bei den Ehegatten. Ausnahme: wenn das Kind den Freibetrag selbst in seiner Einkommensteuererklärung beansprucht.
- Der **Pflegepauschbetrag** (§ 33b Abs. 6 EStG) in Höhe von derzeit 1.800,– DM wegen Betreuung einer pflegebedürftigen Person wird entweder hälftig oder nach einem gewählten Aufteilungsmaßstab auf die Ehegatten verteilt.

- Ein **Haushaltsfreibetrag** (§ 32 Abs. 7 EStG) kann bei getrennter Ehegattenveranlagung nicht gewährt werden. Der Abzug ist nur bei Einzelveranlagung (nach Scheidung) möglich.
- **Kinderfreibeträge** (§ 32 Abs. 6 EStG) für die gemeinsamen Kinder werden bei jedem der Ehegatten hälftig berücksichtigt.
  Bei der Veranlagung wird der hälftige Kindergeldanspruch wieder hinzugerechnet. Das Finanzamt prüft hier für jeden Ehegatten, ob die Kindergeldauszahlung oder der hälftige Kinderfreibetrag abzüglich Kindergeldanspruch steuerlich günstiger ist.
  Kinder aus früheren Verbindungen werden nur bei dem Ehegatten berücksichtigt, zu dem das Kind in einem Kindschaftsverhältnis steht.

Unterhaltszahlungen an Ehegatten steuerlich geschickt gestalten

Dauernd getrennt lebende Ehepartner bzw. Geschiedene, die nach der Grundtabelle versteuert werden, haben zwei Möglichkeiten, diese Aufwendungen steuerlich geltend zu machen:

Die Wahl zwischen Realsplitting oder außergewöhnlichen Belastungen

1. Es ist ein Abzug möglich als beschränkt abzugsfähige Sonderausgaben (§ 10 Abs. 1 Nr. 1 EStG) bis zu jährlich 27.000,– DM – das so genannte Realsplitting, oder
2. Es ist ein Abzug als außergewöhnliche Belastungen (§ 33a Abs. 1 EStG) mit jährlich 13.020,– DM (für 1999) bzw. 13.500,– DM (ab 2000) und 14.040,– DM (ab 2002) möglich, sofern der Unterhaltsempfänger geringe Einkünfte hat.
   Hat die unterhaltene Person eigene Einkünfte, mindert sich der Höchstbetrag um die Summe, um die diese Einkünfte und Bezüge den Betrag von 1.200,– DM im Kalenderjahr übersteigen.

Beide Möglichkeiten schließen sich gegenseitig aus, es gilt hier nur entweder – oder.

Das müssen Sie über die Anlage U zur Steuererklärung wissen

Diese Anlage muss zur Nutzung des Realsplitting ausgefüllt werden, wobei folgende allgemeine Voraussetzungen zu beachten sind:

- Sie müssen von Ihrem Ehegatten dauernd getrennt leben oder von diesem geschieden sein.
- Der Unterhaltsempfänger muss nicht im Inland wohnen, sondern kann auch durch die ausländische Steuerbehörde die Versteuerung der Unterhaltszahlungen nachweisen, wenn dieser in einem anderen EU/EWR-Mitgliedsstaat lebt.
- Der Unterhaltsempfänger muss dem Antrag durch Unterschrift zustimmen.
- Wurde vom Unterhaltsempfänger einmal die Zustimmung zum Realsplitting durch Unterschrift erteilt, kann sie nicht mehr zurückgenommen werden und gilt bis zum ausdrücklichen Widerruf.
- Ein Widerruf ist nur vor Beginn des Kalenderjahres möglich, für das die Zustimmung erstmalig nicht gelten soll. Der Widerruf ist schriftlich beim Finanzamt einzureichen.

Expertentipp

Unterhaltsempfänger muss Realsplitting zustimmen

Sollte der Unterhaltsempfänger die eben erwähnte Unterschrift verweigern, wenden Sie sich an einen guten Anwalt für Familienrecht.
Nach § 894 Abs. 1 ZPO (Zivilprozessordnung) können Sie den Unterhaltsempfänger gerichtlich zur Zustimmung zwingen. Die erforderliche Zustimmung erfolgt dann durch rechtskräftige Verurteilung. Sie muss jedoch eventuell jedes Jahr neu eingeklagt werden.

Das Finanzamt ist für einen eventuellen Rechtsstreit um das Realsplitting nicht zuständig. Und ungeachtet eines eventuell laufenden Rechtsstreits wird der Sonderausgabenabzug erst nach Vorliegen der Anlage U gewährt.

Was das Wahlrecht zwischen Realsplitting und außergewöhnlichen Belastungen bringt

Beim Realsplitting ist der Abzug als Sonderausgaben auf einen Höchstbetrag von jährlich 27.000,– DM begrenzt. Die geleisteten Aufwendungen mindern ohne Abzug Ihr Einkommen. Werden höhere Unterhaltszahlungen geleistet, sind

- Die übersteigenden Beträge für den Empfänger steuerfrei
- Der Zahler kann die Mehrbeträge nicht als Sonderausgaben abziehen

Das Prinzip des Realsplittings besagt, dass der Unterhaltsempfänger im Gegenzug diese Aufwendungen versteuern muss. Dieser entsprechende steuerliche Nachteil beim Unterhaltsempfänger ist vom Unterhaltszahler auszugleichen, sofern er die Anlage U seinem Finanzamt einreicht.

Steuerlichen Vorteil abwägen

Beispiel für lohnendes Realsplitting mit der Anlage U: *Herr Schmitz zahlt an seine Exfrau 2.000,– DM Unterhalt pro Monat und kann folglich 24.000,– DM jährlich als Sonderausgaben geltend machen. Durch den Abzug dieser Unterhaltsaufwendungen hat Herr Schmitz einen steuerlichen Vorteil von jährlich 6.000,– DM. Frau Schmitz muss die entsprechenden Zahlungen als sonstige Einkünfte versteuern. Es ergibt sich hier für sie ein steuerlicher Nachteil von 3.000,– DM. Diesen Betrag muss Herr Schmitz ihr erstatten. Der durch den Abzug als Sonderausgaben verursachte steuerliche Vorteil des Herrn Schmitz beläuft sich also nur noch auf 3.000,– DM, lohnt aber dennoch.*

Beispiel für nicht lohnendes Realsplitting: *Herr Mayer, der wieder verheiratet ist (Versteuerung nach der Splittingtabelle), zahlt seiner geschiedenen Ehefrau jährlich 24.000,– DM Unterhalt. Mit Abzug der Aufwendungen als Sonderausgaben hat er ein zu versteuerndes Einkommen von 80.000,– DM, was eine Steuerbelastung mit Solidaritätszuschlag (ohne Kirchensteuer) von 16.188,– DM ausmacht. Ohne den Abzug der Aufwendungen beträgt sein zu versteuerndes Einkommen 104.000,– DM und die Steuerbelastung 24.425,– DM.*

Sein Steuervorteil beträgt zunächst 8.237 DM. Seine geschiedene Ehefrau hat mit Versteuerung der erhaltenen Unterhaltsaufwendungen ein zu versteuerndes Einkommen von 100.000,– DM, was eine Steuerbelastung nach der Grundtabelle (ohne Kirchensteuer) von 32.387 DM ausmacht. Ohne Versteuerung der Unterhaltsaufwendungen würde ihr zu versteuerndes Einkommen 76.000,– DM betragen, was eine Steuerbelastung von 21.443,– DM ausmachen würde. Der steuerliche Nachteil, den Herr Mayer ihr ausgleichen muss, beträgt somit 10.944,– DM. Herr Mayer müsste also, wenn er die Unterhaltsaufwendungen als Sonderausgaben laut Anlage U geltend machen würde, seiner Exehefrau mehr Geld zurückzahlen, als sein steuerlicher Vorteil beträgt.

Die Beispiele lassen erkennen: Liegt das Einkommen des Unterhaltsempfängers relativ hoch und/oder wird der Unterhaltszahler evtl. sogar wieder nach der Splittingtabelle für Verheiratete versteuert, so ist genau zu prüfen, ob sich der Abzug noch lohnt. Bei einer Wiederverheiratung des unterhaltsberechtigten Exgatten ist die Verpflichtung zum Ausgleich des Nachteils beim Empfänger jedoch begrenzt auf die Beträge, die sich bei getrennter Veranlagung ergeben würden. Eine Unterhaltspflicht nach Wiederverheiratung des Expartners ist jedoch höchst selten.

Expertentipp

Nachteilsausgleich auch bei Steuererstattung

Der steuerliche Nachteil des Unterhaltsempfängers ist vom Antragsteller auch dann auszugleichen, wenn sich beim Empfänger mit Versteuerung der Unterhaltszahlungen eine Steuererstattung ergibt. Grund: Diese würde ja ohne Versteuerung der Unterhaltszahlungen noch höher ausfallen, deshalb ist auch hier die Differenz zu ermitteln.

Um auszurechnen, ob sich Realsplitting und Anlage U lohnen, muss das Einkommen des Unterhaltsempfängers ungefähr bekannt sein. Dies sollte durch den Steuerbescheid der

Gegenseite bestätigt werden. Auf keinen Fall sollten Erstattungen »ins Blaue hinein« vorgenommen werden.
Der Antrag auf Sonderausgabenabzug muss nicht in voller Höhe (bis 27.000,– DM) erfolgen. Wenn der Expartner ein hohes Einkommen hat, ist es oft sinnvoller, vorher genau auszurechnen, ob ein niedriger Ansatz der Sonderausgaben sinnvoller ist, weil dann die Nachteilsausgleichszahlung an den Unterhaltsberechtigten niedriger ausfällt.

Steuerliche Folgen beim Unterhaltsempfänger

Beantragt der Unterhaltsleistende den steuerlichen Abzug der Unterhaltsaufwendungen als Sonderausgaben (Realsplitting nach § 10 Abs. 1 Nr. 1 EStG) durch Abgabe der Anlage U, hat die Gegenseite diese Beträge als »sonstige Einkünfte« nach Abzug eines Werbungskostenpauschbetrages von jährlich 200,– DM voll zu versteuern. Der Antragsteller muss den dadurch entstehenden steuerlichen Nachteil ausgleichen.

Expertentipp

Durch den Unterhaltserhalt können vierteljährliche Einkommensteuervorauszahlungen beim Unterhaltsempfänger fällig werden, die das Finanzamt festsetzen kann.

Voraus-zahlungen an den Fiskus

Für diesen Fall muss der Zahler, der den steuerlichen Vorteil durch den Abzug der Sonderausgaben (Unterhaltszahlungen) hat, diese Vorauszahlungen übernehmen. Es entfällt dann nach Erhalt der Steuerbescheide meistens der auszugleichende steuerliche Nachteil. Hier muss dann jedoch eine genaue Abrechnung erfolgen, was meistens nicht ohne »Steuerfachmann« möglich ist.

Was der Abzug als außergewöhnliche Belastungen bringt

Sollen Unterhaltszahlungen als außergewöhnliche Belastungen geltend gemacht werden, muss der Unterhaltsempfänger dazu keine Zustimmung erteilen. Der Abzug von diesen

Aufwendungen ist jedoch auf einen jährlichen Betrag von derzeit 13.020,– DM unabhängig vom Alter des Unterhaltsempfängers begrenzt.
Der Abzug als außergewöhnliche Belastungen (§ 33a EStG) ist auch möglich, wenn der Unterhaltsempfänger seinen Wohnsitz im Ausland hat.
Soweit eigene Einkünfte des Unterhaltsempfängers jährlich 1.200,– DM übersteigen, wird der Höchstbetrag entsprechend gekürzt.

Unterhaltsabzug als außergewöhnliche Belastungen lohnt selten

Beispiel dafür, wann der Abzug entfällt: *Herr Weber macht 13.000,– DM Unterhaltszahlungen als außergewöhnliche Belastung in seiner Einkommensteuererklärung geltend. Seine geschiedene Ehefrau hat eigene Einkünfte von 20.000,– DM (ohne Unterhaltseinnahmen). Die eigenen Einkünfte der Frau übersteigen den anrechenbaren Betrag von 1.200,– DM um 18.800,– DM, somit kann Herr Weber (nach § 33a EStG) nichts mehr absetzen.*

Beispiel dafür, wann sich der Abzug beim Unterhaltszahler auswirkt: *Herr Weber macht 13.000,– DM Unterhaltszahlungen als außergewöhnliche Belastungen in seiner Einkommensteuererklärung geltend, seine geschiedene Ehefrau hat eigene Einkünfte von 8.000,– DM. Die eigenen Einkünfte übersteigen somit den anrechenbaren Betrag von 1.200,– DM um 6.800,– DM, so dass Herr Weber noch 6.200,– DM geltend machen kann.*

Diese beiden aufgeführten Beispiele lassen erkennen: In den meisten Fällen ist der Abzug der Unterhaltsaufwendungen als außergewöhnliche Belastungen für den Antragsteller nachteilig, da sich der Höchstbetrag von 13.020,– DM wegen der Einkünfte des Unterhaltsempfängers meistens nicht auswirkt.
Der Unterhaltsempfänger muss diese »Unterhaltsleistungen« nicht versteuern, auch wenn der Antragsteller sie steuerlich in Abzug bringt.

Was beim Ausfüllen der Anlage U zu beachten ist

Zu berücksichtigen ist darin ausschließlich der Ehegatten- bzw. Exehegattenunterhalt, der Kindesunterhalt wird hier nicht eingerechnet. Hierfür gibt es Kinderfreibeträge bzw. Kindergeld und die übrigen steuerlichen Entlastungen für Kinder.

Ihre detaillierten Angaben im Abschnitt A der Anlage U

Der Unterhaltszahler trägt zunächst das Jahr ein, für das er den steuerlichen Abzug beantragt, und sodann sein Finanzamt mit seiner Steuernummer.

Bitte kreuzen Sie rechts oben im Formular an, für welchen Antrag Sie die steuerlichen Erleichterungen geltend machen. Dies kann für

- Die Einkommensteuererklärung
- Den Lohnsteuerermäßigungsantrag zur Eintragung eines Freibetrages auf der Lohnsteuerkarte oder
- Den Antrag auf Anpassung der Einkommensteuervorauszahlungen geschehen

Der Antragsteller (Unterhaltszahler) trägt zuerst seine persönlichen Daten in den entsprechenden Feldern ein und verzeichnet im folgenden Abschnitt des Formulars die geltend gemachten Aufwendungen.

Bar- und Sachleistungen mit entsprechenden Belegen

Dabei werden sowohl Sachleistungen als auch Barleistungen (ist meistens der Fall) berücksichtigt – bis zu einem Höchstbetrag von 27.000,– DM jährlich. Bei Sachleistungen ist der Wert zu schätzen bzw. durch Belege (notfalls Eigenbelege über Sachwerte, falls Anschaffungsbelege nicht vorliegen) nachzuweisen.

Zu den Barleistungen gehören auch Banküberweisungen oder eventuelle Scheckzahlungen. Hier sind als Belege die entsprechenden Kontoauszüge beizufügen. Das Finanzamt will sehen, dass die geltend gemachten Aufwendungen auch erbracht wurden und der Höchstbetrag nicht etwa mit einem Freibetrag verwechselt wurde. Außerdem ist anzukreuzen, dass in den aufgeführten Aufwendungen kein Kindesunterhalt enthalten ist.

Expertentipp

Ein einmal gestellter Antrag kann nicht zurückgezogen, wohl aber betragsmäßig korrigiert werden.

Antrag bleibt Antrag

Wurde der Antrag auf steuerliche Erleichterung im Rahmen eines Lohnsteuerermäßigungsantrages oder im Rahmen eines Antrags auf Herabsetzung der Einkommensteuervorauszahlungen gestellt, so hat er auch absolut bindende Wirkung für die Einkommensteuererklärung des betreffenden Kalenderjahres.

Ihre detaillierten Angaben im Abschnitt B der Anlage U

Im unteren Abschnitt sind Namen, Geburtsdatum, Anschrift (sowie zuständiges Finanzamt mit Steuernummer, falls bekannt) des Unterhaltsempfängers zu notieren.

Ferner muss der Unterhaltsempfänger dann (durch ein eingetragenes Kreuz im kleinen Kästchen) bestätigen, dass er dem steuerlichen Abzug der Aufwendungen beim Unterhaltszahler zustimmt.

Abzug kann widersprochen werden

Diese Zustimmung ist erstmals gültig für das im Formular eingetragene Kalenderjahr. Sie gilt für alle darauf folgenden Jahre in gleicher Höhe, sofern sie nicht widerrufen wird. Ein Widerruf seitens des Unterhaltsempfängers ist nur möglich vor Beginn des Kalenderjahres, für das der Abzug beantragt wird.

Beispiel: *Frau Meyer bekommt von Ihrem geschiedenen Ehemann Unterhalt für sich und möchte jedoch nicht, dass dieser ihn steuerlich für das Jahr 2001 geltend macht. Sie muss dann bis 31. Dezember 2000 Ihrem zuständigen Finanzamt schriftlich mitteilen, dass Sie dem Abzug widerspricht.*

Musterbrief: Widerspruch gegen den Abzug von Unterhaltszahlungen

Absender … *(Name, Anschrift, ggf. Telefon)*
Datum … *(Tag dieses Schreibens angeben)*

An das Finanzamt … *(Hier tragen Sie das für Sie zuständige Finanzamt ein)*

Betr.: Meine Steuernummer … *(Ihre Steuernummer entnehmen Sie dem letzten Bescheid)* sowie die Steuernummer … *(des Unterhaltszahlers, die z. B. einer hoffentlich vorhandenen Kopie der Anlage entnommen werden kann)* von … *(Name und Anschrift des Unterhaltszahlers)*.

Sehr geehrte Damen und Herren,

im vergangenen Jahr habe ich durch meine Unterschrift auf der Anlage U zugestimmt, dass die von … *(Name des Zahlers wiederholen)* an mich geleisteten Unterhaltszahlungen abzugsfähig sind.

Widerruf nur vor Beginn des Kalenderjahres möglich

Ich möchte diesem Abzug für das kommende Jahr widersprechen und bitte darum, diesen Widerspruch zu den Akten zu nehmen.

Mit freundlichen Grüßen

… *(eigene Unterschrift)*

Was alles zu abzugsfähigen Aufwendungen zählt

⚡ Blitzübersicht: Was alles zu den typischen Unterhaltsaufwendungen gehört

Folgende Leistungen an geschiedene oder dauernd getrennt lebende Ehegatten sind sowohl als Sonderausgaben oder als außergewöhnliche Belastungen zu berücksichtigen:

- Unterhaltszahlungen, die aufgrund eines Scheidungsurteiles oder einer freiwilligen Vereinbarung gezahlt werden (ohne Kindesunterhalt)
- Beiträge zur privaten Kranken-, Renten-, Berufs- und Erwerbslosenversicherung, die für den anderen gezahlt wurden
- Ausgaben für die Berufs-, Schul- oder Fortbildung des anderen
- Leistungen aus besonderen Anlässen, z. B. im Krankheitsfall des anderen
- Sachzuwendungen wie z. B. von Tabakwaren, Kosmetikartikeln und sogar alkoholischen Getränken in angemessenem Umfang
- Ausgleichszahlungen an den anderen, der durch das Realsplitting finanzielle Nachteile in Form von Steuernachzahlungen hat
- Kosten für die Unterbringung z. B. in einem Altersheim
- Mietzahlungen, wenn der andere in der Mietwohnung bleibt und der Steuerpflichtige die Mietzahlungen übernimmt

Das Überlassen von Haushaltsgeräten dagegen stellt keine Unterhaltszahlung dar, die wertmäßig eingesetzt werden könnte.

Scheidung und Immobilienbesitz – clevere Gestaltungen sind möglich

Statt Barunterhalt kann der Zahlungsverpflichtete auch Wohneigentum an den Unterhaltsberechtigten überlassen. In solchen Fällen winken folgende Steuervorteile.

Unentgeltliche Wohnungsüberlassung

1. Der Unterhaltsverpflichtete kann die Eigenheimzulage beanspruchen, sofern hierfür die Voraussetzungen vorliegen (kein Objektverbrauch und Einhaltung der Einkommensgrenzen im Jahr der Anschaffung und des Vorjahres). Zusätzlich zur Eigenheimzulage ist bei Neubauten sogar die Ökozulage

möglich sowie die Kinderzulage, wenn zum Haushalt des Hausbesitzers noch mindestens ein Kind gehört.

2. Besteht kein Anspruch auf Auszahlung der Eigenheimzulage, kann der Unterhaltsverpflichtete folgende Beträge als Sonderausgaben abziehen:
   - Grundsteuern und sonstige städtische oder kommunale Abgaben (Müllabfuhr, Gehwegreinigung, Abwasser)
   - Betriebskosten wie z. B. Gas, Wasser, Strom, Heizöl usw.

Reparaturen sind hier nicht abzugsfähig. Auch können keine Verluste aus Vermietung und Verpachtung entstehen.

Vermietung an den anderen

Eine Vermietung an den getrennt lebenden oder geschiedenen Partner kann steuerlich eine besonders günstige Lösung sein. Der Unterhaltsverpflichtete schließt dazu mit dem Partner einen Mietvertrag ab, wobei die vereinbarte Miete auf 50 Prozent der ortsüblichen Miete einschließlich Nebenkosten reduziert werden darf, ohne dass der Werbungskostenabzug des Vermieters gefährdet ist. Der Vermieter versteuert die (reduzierten) Mieteinnahmen und kann alle im Zusammenhang mit der Vermietung entstehenden Werbungskosten abziehen. Hierunter fallen z. B.

Mietvertrag mit dem Expartner

- Schuldzinsen
- Alle Reparaturen
- Absetzung für Abnutzung
- Fahrtkosten usw.

Sind die Werbungskosten höher als die Einnahmen, mindert der Verlust das zu versteuernde Einkommen. Der zusätzlich gezahlte Barunterhalt führt zum Sonderausgabenabzug.

Was ändert die Scheidung an der Lohnsteuerklasse?

Der Arbeitgeber nimmt den Lohnsteuerabzug so vor, wie er sich aus den Merkmalen der Lohnsteuerkarte ergibt. Eine wichtige Rolle spielen dabei insbesondere die Lohnsteuerklasse und die Zahl der Kinderfreibeträge.

Die Lohnsteuerklasse entscheidet über die Höhe der Lohnsteuerabzüge. Die Zahl der Kinderfreibeträge beeinflusst die Höhe der vom Bruttoarbeitslohn abzuführenden Kirchensteuer und des Solidaritätszuschlages.

Entscheidend sind immer (nach § 39 Abs. 3b EStG) die Eintragungen auf der Lohnsteuerkarte zu Beginn des Kalenderjahres. Die Gemeinden schicken den Arbeitnehmern immer im Oktober/November die Lohnsteuerkarten mit den bisherigen Eintragungen für das folgende Kalenderjahr zu. Stimmen diese Eintragungen (Lohnsteuerklasse, Zahl der Kinderfreibeträge, Kirchenzugehörigkeit) nicht mehr, muss der Arbeitnehmer eine Änderung vor Ablauf des Kalenderjahres beantragen.

Änderungen auf der Lohnsteuerkarte beantragen

Hat ein Arbeitnehmer zu Beginn des Kalenderjahres z. B. Lohnsteuerklasse III (für Verheiratete), wird er das ganze Jahr so versteuert, auch wenn er sich im Laufe des Kalenderjahres von seinem Ehegatten trennt oder geschieden wird. Eine Korrektur erfolgt jedoch bei der späteren Jahressteuerveranlagung. Wurde dem Arbeitnehmer z. B. wegen Änderung seiner Familienverhältnisse zu wenig Lohnsteuer einbehalten, folgenden saftige Steuernachzahlungen. Im Folgejahr einer Scheidung erhalten beide Exgatten die Steuerklasse I. Lebt mindestens ein Kind im Haushalt des Steuerpflichtigen, erhält der Arbeitnehmer die Lohnsteuerklasse II.

Einmalige Abfindungen z. B. für Zugewinn – wie werden die versteuert?

Im Rahmen von Scheidungsvereinbarungen oder aufgrund von Gerichtsurteilen erfolgen häufig Zugewinnausgleichszahlungen. Diese Abfindungen ersetzen häufig auch künftige Unterhaltsansprüche.

Diese – oft sehr hohen – Zahlungen sind steuerlich nicht abzugsfähig, da sie nur die Vermögensebene berühren, jedoch mit keiner Einkunftsart zusammenhängen. Abfindungen im Rahmen einer Scheidungsauseinandersetzung sind auch nicht als außergewöhnliche Belastung (§ 33 EStG) berücksichtigungsfähig, obwohl die Zahlungen oft nicht nur außerordentlich hoch sind, sondern auch eine außerordentliche finanzielle Schlechterstellung für den Zahlenden bedeuten.

Expertentipp

Das hat umgekehrt zur Folge, dass die Zahlungen für den Empfänger steuerfrei sind. Spätere Erträge aus dem angelegten Kapital (Zinsen, Dividenden, Mieteinnahmen usw.) sind jedoch steuerpflichtig.

Nur spätere Erträge aus Zahlungen sind steuerpflichtig

Schuldzinsen im Zusammenhang mit der Finanzierung einer Zugewinnausgleichszahlung sind ebenfalls steuerlich nicht abzugsfähig. Laut BFH-Urteil (8.12.1992 IX R 68/89, BStBl. 1993 II S. 434) kann ein Ehepartner Aufwendungen (z. B. Schuldzinsen) nicht als Werbungskosten aus Vermietung und Verpachtung abziehen, wenn er aufgrund einer Zugewinnausgleichsregelung seinen geschiedenen Ehegatten an den Grundstückserträgen beteiligt. Begründung: Die Ertragsbeteiligung erfolgt nicht aus Gründen der Einkunftserzielung, sondern aus einer privaten Verpflichtung, die nur die Vermögensebene betrifft.

Einmalzahlungen als Unterhalt deklarieren

Einigen sich die getrennt lebenden Ehepartner, kann eine steuerlich nicht abzugsfähige Zugewinnausgleichszahlung jedoch als Unterhaltszahlung deklariert werden. Die Dauer der Zahlung kann vertraglich befristet werden, Zinsnachteile können durch die Höhe der Zahlung ausgeglichen werden.
Vorteil: Der Zahlungsverpflichtete profitiert vom Sonderausgabenabzug (bis jährlich 27.000,– DM). Für den Unterhaltsempfänger verändert sich nichts, da der steuerliche Nachteil vom Exgatten ausgeglichen werden muss.
Diese Gestaltung ist jedoch dann nicht sinnvoll, wenn der Zahlungsempfänger voraussichtlich ein hohes Einkommen hat. Dann nämlich kann die Nachteilsausgleichsverpflichtung höher sein als der verbleibende steuerliche Vorteil!

Welche Scheidungskosten steuerlich abziehbar sind

Scheidungen sind meistens teurer als Hochzeiten, sagt der Volksmund. Er hat Recht, denn die Kosten richten sich nach Einkommen und Vermögen der Ehepartner – und sie steigen mit wachsender Streitsucht der Eheleute.

Die Finanzverwaltung erkennt unmittelbare und unvermeidbare Kosten des Scheidungsprozesses sowie die Kosten der Scheidungsfolgeregelungen als zwangsläufig an. Sie können als außergewöhnliche Belastung (nach § 33 Abs. 1 EStG) vom Einkommen abgezogen werden, sofern sie mit eventuellen weiteren außergewöhnlichen Belastungen (z. B. durch Arztkosten) die zumutbare Eigenbelastung (nach § 33 Abs. 3 EStG) übersteigen.

Zumutbare Eigenbelastung

Die Höhe der zumutbaren Eigenbelastung richtet sich nach Ihrem Familienstand und der Anzahl der steuerlich zu berücksichtigenden Kinder. Sie orientiert sich an Ihrem Gesamtbetrag der Einkünfte.

Blitzübersicht: Höhe der zumutbaren Eigenbelastung
(in % vom Gesamtbetrag der Einkünfte)

bei	ohne Kinder		mit Kindern	
Einkünften bis	Singles	Verheir.	1 oder 2	3 u. mehr
30.000,– DM	5 %	4 %	2 %	1 %
100.000,– DM	6 %	5 %	3 %	1 %
über 100.000,– DM	7 %	6 %	4 %	2 %

Beispiel zu außergewöhnlichen Belastungen: *Die Eheleute Mayer haben zwei Kinder. Sie leben in Scheidung, erfüllen für das Jahr 1999 noch die Voraussetzungen für eine Zusammenveranlagung. Für 1999 ergibt sich ein Gesamtbetrag der Einkünfte von 80.000,– DM. Es sind im selben Jahr Scheidungs- und Krankheitskosten in Höhe von 8.000,– DM ent-*

standen. Laut der obigen Tabelle ergibt sich eine zumutbare Eigenbelastung von drei Prozent des Gesamtbetrages der Einkünfte. Die Eigenbelastung beträgt hier 2.400,– DM, so dass Familie Mayer für 1999 noch 5.600,– DM Krankheitskosten als außergewöhnliche Belastung abziehen kann. Wären in 1999 z. B. außergewöhnliche Belastungen von nur 2.000,– DM entstanden, könnten diese nicht steuerlich berücksichtigt werden.

Was als außergewöhnliche Belastung abzugsfähig ist

Nach Abschnitt 189 EStR (Einkommensteuerrichtlinien) sind alle Kosten für Rechtsanwalt, Notar und Gericht abzugsfähig, wenn sie entstanden

Abzugsfähige Kosten

- Zur Regelung der elterlichen Sorge über ein gemeinschaftliches Kind und des persönlichen Verkehrs des nicht sorgeberechtigten Elternteiles
- Zur Regelung bezüglich der Unterhaltspflicht gegenüber Kindern und dem Ehegatten
- Zur Regelung des Versorgungsausgleiches, der güterrechtlichen Verhältnisse und der Rechtsverhältnisse an der Ehewohnung und des Hausrates
- Als Scheidungskosten, die ein Ehegatte aufgrund einer vom Gericht übernommenen Ehegattenvereinbarung zahlt. Übernimmt ein Ehegatte abweichend von der gerichtlichen Kostenfestsetzung einen höheren Anteil an den Kosten, kann er nur die Kosten steuerlich geltend machen, die ihm das Gericht auferlegt hat
- Als Gutachterkosten zur Bewertung des Vermögens wegen Zugewinnausgleichsermittlung, sofern die Kosten zum Rechtsstreit gehören

Mittelbare Scheidungsfolgekosten sind nicht abzugsfähig. Davon sind vor allem betroffen:

Nichtabzugsfähige Kosten

- Gutachterkosten für die Bewertung des Vermögens, sofern sie nicht zu den Kosten des Rechtsstreites gehören
- Kosten für einen Detektiv
- Umzugs- und Einrichtungskosten für eine neue Wohnung
- Kosten für die Auflösung der ehelichen Wohnung

- Kosten der Teilung des Zugewinnes
- Prozesskosten im Zusammenhang mit der Abwendung der Namensänderung eines ehelichen Kindes
- Abfindungszahlungen an den Exgatten
- Zahlungen im Zusammenhang mit der Versorgungsausgleichsregelung. Es handelt sich hier um Zahlungen des ausgleichsverpflichteten Ehepartners an die gesetzliche Rentenversicherung. Zinsen im Zusammenhang mit der Versorgungsausgleichsregelung sind ebenfalls nicht abzugsfähig

Steuervergünstigungen für Kinder – was sich bei einer Scheidung ändert

Seit der Neuordnung des Familienlastenausgleiches hat jeder unbeschränkt Steuerpflichtige ein Wahlrecht zwischen dem monatlichen Bezug des Kindergeldes oder der Nutzung des Kinderfreibetrages.

Monatliche Zahlung

Das Kindergeld beträgt seit 1999 monatlich

- Für das erste und zweite Kind je 250,– DM
- Für das dritte Kind 300,– DM
- Für das vierte und jedes weitere Kind je 350,– DM

Zu beachten ist, dass das Kindergeld von der Kindergeldkasse des zuständigen Arbeitsamtes direkt ausgezahlt wird.

Der Kinderfreibetrag senkt das zu versteuernde Einkommen

Der Kinderfreibetrag beträgt

- Pro Kind seit 1997 monatlich 576,– DM bzw. jährlich 6.912,– DM
- Bei ledigen, geschiedenen oder dauernd getrennt lebenden Eltern jeweils die Hälfte

Der Kinderfreibetrag stellt keine Zahlung dar, sondern senkt nur als Tariffreibetrag das zu versteuernde Einkommen. Für jeden Monat, in dem die gesetzlichen Voraussetzungen zur

Inanspruchnahme des Kinderfreibetrages oder des Kindergeldes nicht vorliegen, werden die Jahresbeträge um ein Zwölftel gekürzt.

Expertentipp

Die Entscheidung, welche Alternative die günstigste ist, nimmt Ihnen das Finanzamt ab. Stellt sich in 2000, wenn sie Ihre Einkommensteuererklärung für 1999 abgeben, heraus, dass wegen der Höhe Ihres Einkommens für Sie der Kinderfreibetrag günstiger sein sollte, so wird Ihnen dieser im Nachhinein vom Finanzamt gewährt. Das Kindergeld wird dann dem Einkommen wieder hinzugerechnet. Ein sich eventuell ergebender Unterschiedsbetrag wird im Rahmen der Veranlagung vom Finanzamt ausgezahlt, also nachdem Ihnen der Steuerbescheid zugestellt wurde.

Günstigste Regelung wird angewendet

Bei Geschiedenen oder dauernd getrennt Lebenden bekommt immer derjenige das Kindergeld, in dessen Haushalt das Kind gemeldet ist. Die Kinderfreibeträge können jedoch hälftig aufgeteilt werden.
Auf den Lohnsteuerkarten der nicht zusammen veranlagten Eltern werden immer jeweils die hälftigen Kinderfreibeträge eingetragen. Dies ist wichtig für die Steuererleichterungen bei der Berechnung der Kirchensteuer und des Solidaritätszuschlages, die der Arbeitgeber abführen muss.

Ob Kinderfreibetrag oder Kindergeld für Sie günstiger ist, hängt von Ihrer Einkommenshöhe ab. Für 95 Prozent der Steuerzahler ist die Auszahlung des Kindergeldes vorteilhafter. Erst ab einem zu versteuernden Einkommen von etwa 150.000,– DM bei einem bzw. zwei Kindern oder 190.000,– DM bei drei Kindern fahren Sie mit dem Kinderfreibetrag besser. Dann tragen Sie einen weitaus höheren Steuersatz als der Normalverdiener, und der Tariffreibetrag wirkt sich prozentual höher aus.

Kinder im steuerrechtlichen Sinn (nach § 32 EStG) sind

- Leibliche Kinder
- Adoptivkinder
- Pflegekinder
- Enkelkinder, wenn sie auf Dauer in den Haushalt der Großeltern aufgenommen wurden und der Kinderfreibetrag auf diese übertragen wurde
- Stiefkinder, wenn sie in den Haushalt des Stiefelternteiles aufgenommen wurden und der Freibetrag auf diesen übertragen wurde

Das bedeutet, dass für alle oben genannten »Kinderarten« steuerliche Freibeträge gewährt werden, die sich mit zunehmendem Alter der Kinder erhöhen, ebenso, falls diese auswärtig untergebracht sind oder ihre Ausbildung beginnen.

So werden die Kinder steuerlich berücksichtigt (nach § 32 EStG):

Steuerlich anerkannte Kinder

- Leibliche Kinder: Steuerliche Freibeträge erhalten Sie für Kinder ab dem Jahr, in dem sie lebend geboren wurden und in Ihrem Haushalt leben – zunächst aber nur bis zum 18. Lebensjahr.
- Adoptivkinder werden ab dem Jahr der Adoption, wenn sie in Ihrem Haushalt leben, steuerlich berücksichtigt, sofern der Antragsteller den Unterhaltsverpflichtungen wesentlich nachkommt, das heißt zu mindestens 20 Prozent.
- Pflegekinder werden berücksichtigt (nach § 32 (1) Nr. 2 EStG), wenn der Steuerpflichtige mit ihnen durch ein familienähnliches, auf längere Dauer angelegtes Band verbunden ist und er sie in seinem Haushalt aufgenommen hat. Das Obhuts- und Pflegeverhältnis zu den leiblichen Eltern darf nicht mehr bestehen, und der Antragsteller muss das Kind zu einem nicht unwesentlichen Teil unterhalten, also zu mindestens 20 Prozent (BFH-Urteil v. 12. 6. 1991, III R 1018/89 BStBl. 1992 Teil 2 Seite 20).
- Auslandskinder, die im Veranlagungszeitraum (dem jeweiligen Jahr) im Ausland lebten, werden ebenso steuerlich berücksichtigt. Es erfolgt jedoch eine Kürzung des Kinderfreibetrages entsprechend einer Ländergruppeneintei-

lung. Auslandskinder wirken sich bei sämtlichen steuerlichen Vergünstigungen für Kinder (im Finanzdeutsch: Kinderadditive) aus. Sie werden steuerlich den Inlandskindern gleichgestellt, aber für Auslandskinder wird kein Kindergeld gezahlt.

- Enkelkinder müssen in den Haushalt der Großeltern auf Dauer aufgenommen werden, und die Eltern müssen den Kinderfreibetrag auf die Großeltern übertragen haben.
- Stiefkinder müssen ebenfalls in den Haushalt des Stiefelternteiles aufgenommen und der Kinderfreibetrag muss auf diesen Elternteil übertragen werden.

Bis zu welchem Alter Kinder steuerlich berücksichtigt werden

Zunächst werden Kinder entsprechend der oben genannten Auflistung nur bis zum 18. Lebensjahr berücksichtigt.

Beispiel zur Altersgrenze: *Ein am 1. Januar 1982 geborenes Kind hat am 31. Dezember 1999 sein 18. Lebensjahr vollendet und wird vom Finanzamt normalerweise bei der Einkommensteuererklärung 2000 nicht mehr automatisch berücksichtigt, wogegen ein am 1. April 1982 geborenes Kind für 2000 noch automatisch berücksichtigt wird.*

Wann Kinder vom Finanzamt berücksichtigt werden

Kinder, die zu Beginn des Kalenderjahres das 18. Lebensjahr aber noch nicht das 21. Lebensjahr vollendet haben, werden berücksichtigt, wenn sie arbeitslos sind und der Arbeitsvermittlung im Inland zur Verfügung stehen.
Kinder, die zu Beginn des Kalenderjahres das 18. Lebensjahr, jedoch noch nicht das 27. Lebensjahr vollendet haben, werden (nach § 32 Abs. 4 EStG) berücksichtigt, wenn

- Sie in einer Berufsausbildung stehen
- Eine Berufsausbildung mangels Ausbildungsplatz nicht beginnen oder fortsetzen konnten
- Sie sich in einer höchstens vier Monate lang dauernden Übergangszeit zwischen zwei Ausbildungsabschnitten befinden

- Sie ein freiwilliges soziales Jahr im Sinne des Gesetzes zur Förderung eines freiwilligen sozialen Jahres oder ein freiwilliges ökologisches Jahr im Sinne des Gesetzes zur Förderung eines freiwilligen ökologischen Jahres leisten
- Sie wegen körperlicher, geistiger oder seelischer Behinderung außerstande sind, sich selbst zu unterhalten

Kinder, die zu Beginn des Kalenderjahres sowohl das 21. als auch das 27. Lebensjahr vollendet haben, können in Ausnahmefällen noch steuerliche Berücksichtigung finden, wenn sich die Ausbildungszeit durch die zwischenzeitliche Ableistung von Grundwehr- oder Ersatzdienst verlängert (§ 32 Abs. 5 Nr. 1 – 3 EStG).

Wichtige Einkommensgrenze

Expertentipp

Die eigenen Einkünfte und Bezüge von Kindern, die das 18. Lebensjahr vollendet haben, dürfen 13.020,– DM im Kalenderjahr nicht überschreiten, sonst entfallen die Vergünstigungen. Bei Kindern, die ihren Wohnsitz im Ausland haben, ist der Betrag auf die entsprechenden Verhältnisse des Wohnsitzstaates anzugleichen.

Berechnung der Einkommensgrenze von 13.020,– DM für Kinder

Zu den eigenen Einkünften des Kindes gehört z. B. Bruttoarbeitslohn, von dem die Werbungskosten bei Nachweis in voller Höhe oder die Werbungskostenpauschale von z. Zt. 2.000,– DM jährlich abgezogen werden können.

Zu den eigenen Bezügen gehören alle steuerfreien und pauschalbesteuerten Einkünfte des Kindes, also z. B. auch pauschalbesteuerte Aushilfslöhne, Unterhaltszahlungen des Sozialamtes, sofern diese nicht von Unterhaltspflichtigen zurückgefordert werden, Wehrsold, Kapitalanteile von Leibrenten usw.

Hiervon kann eine jährliche Aufwandspauschale von 360,– DM abgezogen werden.

Der Sparerfreibetrag (nach § 20 Abs. 4 EStG) zählt zu den eigenen Bezügen des Kindes. Wenn das Kind Zinseinkünfte hat, so darf hier nur der Werbungskostenpauschbetrag von 100,– DM (Ledige) abgezogen werden, der Rest wird bei Ermittlung der 13.020-DM-Grenze hinzugerechnet.
Die Guthabenzinsen bleiben bei dem Kind für das Jahr 1999 bis 6.100,– DM steuerfrei, ab dem Jahr 2000 nur noch bis jährlich 3.100,– DM.
Nicht zu den eigenen Bezügen gehören aus öffentlichen Kassen gezahlte Reisekostenvergütungen, der Arbeitnehmerpauschbetrag sowie der Versorgungsfreibetrag.
Bei der Ermittlung der eigenen Einkünfte und Bezüge des Kindes werden zudem Bezüge, die für besondere Ausbildungszwecke gezahlt werden, nicht berücksichtigt. Das betrifft unter anderem Leistungen für Studiengebühren, Büchergeld, die Erstattung von Reisekosten sowie BAFöG-Darlehen.

Auch verheiratete Kinder können noch bei ihren Eltern durch Kindergeld oder Gewährung des Kinderfreibetrages berücksichtigt werden, sofern die 13.020-DM-Grenze nicht überschritten wird.

Vergünstigung trotz Heirat

Gelegentliche Einkünfte von Schülern oder Studenten während der Schul- oder Semesterferien führen nicht zum (vorübergehenden) Wegfall des Kindergeldanspruchs bzw. Anspruchs auf Kinderfreibeträge.

Die Übertragung von Kinderfreibeträgen ist selten möglich

Sind Sie geschieden oder leben von Ihrem Ehepartner dauernd getrennt, erhält jeder Ehegatte in seiner eigenen Einkommensteuererklärung die Kindervergünstigungen. Das Finanzamt prüft für jeden Ehegatten, ob die Kindergeldauszahlung oder der Kinderfreibetrag günstiger ist. Hat ein Elternteil keine oder nur geringe Einkünfte, erfolgt die steuerliche Vergünstigung nur durch die Kindergeldauszahlung.

Eine einvernehmliche Übertragung des halben Kinderfreibetrages auf den besser verdienenden Ehegatten ist nicht möglich, da hier immer eine hälftige Aufteilung auf die leiblichen Eltern erfolgt.

Kinderfreibeträge für nur einen Elternteil

Die Kinderfreibeträge können nur dann auf einen Elternteil übertragen werden, wenn

- Der andere Teil seinen Unterhaltsverpflichtungen nicht zu mindestens 75 Prozent nachgekommen ist oder
- Der andere Elternteil im Ausland lebte

Die Kinderfreibeträge können jedoch durchaus auch auf Stief- und Großeltern übertragen werden. Das ist dann möglich, wenn die Kinder auf Dauer in den Haushalt der Stief- oder Großeltern aufgenommen wurden.

Eine solche Übertragung aber bedeutet, dass sämtliche steuerlichen Vergünstigungen, die für Kinder zu erhalten sind, in der Zukunft entfallen.

Für besondere Fälle:
Die Anlage K zur Steuererklärung

Die Änderung der Zuordnung von Kindern wird ebenso wie die Übertragung von Kinderfreibeträgen (mit den damit verbundenen weiteren steuerlichen Entlastungen für Kinder, Ausbildungsfreibetrag) immer schriftlich durch ein gesondertes Formular beantragt, nämlich mit der so genannten Anlage K.

Die Anlage K gibt derjenige ab, der die steuerlichen Vergünstigungen beanspruchen will, also der Antragsteller.

Der zustimmende Elternteil gibt unwiderruflich seine Zustimmung und trägt die entsprechenden Daten des Kindes oder der Kinder ein. Dies kann auch schon für das darauf folgende Jahr erfolgen.

Die Änderung der Zuordnung kann im unteren Teil des Formulars beantragt werden, dies bedeutet dann, dass der Haushaltsfreibetrag dem anderen Elternteil übertragen wird.

⚡ **Blitzübersicht: Kindervergünstigungen – welcher Elternteil bekommt was und wann?**		
Familienstand	**Vergünstigung**	**Versteuerung**
Verheiratete	1 voller Kinderfreibetrag oder Kindergeldauszahlung	nach der Splittingtabelle
Alleinstehende, dauernd getrennt Lebende, Geschiedene	1 hälftiger Kinderfreibetrag oder Kindergeldauszahlung für den, der das Kind in seiner Obhut hält (wo es lebt), 1 Haushaltsfreibetrag, wenn das Kind dort gemeldet ist	nach der Grundtabelle
Verwitwete (nach »Gnadensplitting-Jahren«)	1 voller Kinderfreibetrag oder Kindergeldauszahlung, 1 Haushaltsfreibetrag, wenn das Kind dort gemeldet ist	nach der Grundtabelle
Stiefeltern	voller Kinderfreibetrag oder Kindergeldauszahlung, wenn Übertragung erfolgte (Anlage K) Haushaltsfreibetrag nur, wenn Kind da gemeldet ist und Stiefelternteil allein stehend	Grundtabelle, falls allein stehend, sonst Splittingtabelle
Großeltern	voller Kinderfreibetrag oder Kindergeldauszahlung, wenn Übertragung erfolgte (Anlage K) Haushaltsfreibetrag nur, wenn Kind da gemeldet ist und Großelternteil allein stehend	Grundtabelle, falls allein stehend, sonst Splittingtabelle

Kindergeld oder -freibetrag an wen und in welcher Höhe

Wann es den Haushaltsfreibetrag gibt

Dieser jährlich Tariffreibetrag (nach § 32 Abs. 7 EStG) von zur Zeit noch 5.616,– DM wird vom Einkommen abgezogen und unter den folgenden Voraussetzungen gewährt:

Alleinerziehende

- Der Steuerpflichtige wird nach der Grundtabelle versteuert.
- Der Steuerpflichtige ist allein erziehend, also ist er entweder geschieden, dauernd getrennt lebend seit Beginn des

Kalenderjahres, für das die Steuererklärung abgegeben wird, bzw. er ist ledig oder verwitwet seit vorletztem Kalenderjahr (Ehegatte verstarb in 1998, dann Haushaltsfreibetrag für das Jahr 2000).

- Der Steuerpflichtige hat Anspruch auf mindestens einen halben Kinderfreibetrag oder Kindergeld für mindestens ein Kind.
- Das Kind hat seinen Wohnsitz beim Steuerpflichtigen.

War das Kind ausnahmsweise zu Beginn des Kalenderjahres bei keinem Elternteil oder bei beiden gleichzeitig gemeldet, so wird es automatisch der Mutter zugeordnet. Die Zuordnung zum Vater kann dann nur mit Zustimmung der Mutter erfolgen. Dies wäre dann ratsam, wenn sich der Haushaltsfreibetrag bei der Mutter nicht auswirkt, weil diese keine Einkünfte bezieht.

Wohnsitz zum 1. Januar entscheidet

Expertentipp

Wichtig ist immer, wo das Kind am 1. Januar des Jahres amtlich gemeldet war. Sind Sie geschieden und Ihr Kind meldet sich im März in der Wohnung des anderen Elternteiles an, kann dieser erst für das darauf folgende Kalenderjahr den Haushaltsfreibetrag beanspruchen.

Clevere Gestaltung bei mehreren Kindern

Ungeachtet einer künftigen, bei Redaktionsschluss dieses Buches noch unsicheren Neuregelung des Familienlastenausgleiches durch den Gesetzgeber ist zur Zeit folgende Gestaltung für geschiedene oder getrennt lebende Eltern mit mehreren Kindern möglich: Jeder ledige Elternteil meldet mindestens ein Kind in seinem Haushalt an. Somit erhält jeder Partner zusätzlich zum hälftigen Kinderfreibetragsanspruch noch den Haushaltsfreibetrag. Wird die Eigenheimzulage gezahlt, erhält der Steuerpflichtige zusätzlich für jedes in seinem Haushalt lebende Kind noch die Kinderzulage von jährlich 1.500,– DM.

Was bei Ausbildungsfreibeträgen wichtig ist

Für die Berufsausbildung eines jeden Kindes, für das der Steuerpflichtige Kindergeld oder einen -freibetrag erhält, gibt es auf Antrag einen Ausbildungsfreibetrag (nach § 33a Abs. 2 EStG). Die Gewährung des Ausbildungsfreibetrages ist für die steuerliche Zuordnung der Kinder von Bedeutung.

Höhe der Ausbildungsfreibeträge

- 1.800,– DM jährlich für ein Kind, das das 18. Lebensjahr noch nicht vollendet hat und nicht bei den Eltern lebt, wobei eine auswärtige Unterbringung nicht vorliegt, wenn bei geschiedenen Ehegatten die Wohnung des anderen Elternteiles gemeint ist. Lebt das Kind im Internat, zählt dies als auswärtige Unterbringung
- 2.400,– DM jährlich für ein Kind, das sein 18. Lebensjahr vollendet hat und im Haushalt des Steuerpflichtigen lebt
- 4.200,– DM jährlich für ein Kind, das das 18. Lebensjahr vollendet hat und auswärtig untergebracht ist

Kürzungen werden vorgenommen

Für jeden Monat, in dem die Voraussetzungen für die Gewährung des Ausbildungsfreibetrages nicht vorgelegen haben, erfolgt eine Kürzung um ein Zwölftel. Jeder angefangene Monat zählt allerdings voll mit.

Beispiele zu Ausbildungsfreibeträgen: *Ist Ihre Tochter erst im Juli des Veranlagungsjahres 18 Jahre alt geworden, so bekommen Sie den Ausbildungsfreibetrag nur für sechs Monate. Beendet Ihr Sohn im Oktober des Veranlagungsjahres die Ausbildung, erhalten Sie den Ausbildungsfreibetrag (Einkunftsgrenzen beachten) für zehn Monate.*

Kürzung des Freibetrages wegen eigener Einkünfte und Bezüge des Kindes

Der Ausbildungsfreibetrag vermindert sich um die eigenen Einkünfte und Bezüge des Kindes im Ausbildungszeitraum, soweit diese zur Bestreitung des Lebensunterhaltes dienen

und jährlich 3.600,– DM übersteigen. Ausbildungszuschüsse gelten als eigene Bezüge des Kindes, Ausbildungsdarlehen (BAföG) dagegen nicht.
Die Einkünfte und Bezüge des Kindes müssen durch geeignete Unterlagen nachgewiesen werden, z. B. durch BAföG-Bescheide, Lehrverträge usw.

Expertentipp

Unterhalt zählt nicht mit

Keine anrechenbaren Bezüge sind Unterhaltsleistungen eines geschiedenen Elternteiles für ein Kind, für das der andere Elternteil den Ausbildungsfreibetrag beansprucht. Gleiches gilt für dauernd getrennt lebende Elternteile oder die Eltern nichtehelicher Kinder.

Angerechnet werden nur Einkünfte des Kindes, die auf den Ausbildungszeitraum entfallen. Bei der Feststellung der eigenen Einkünfte und Bezüge, die zur Bestreitung des Lebensunterhaltes dienen, sind aus Vereinfachungsgründen 360,– DM abzuziehen, soweit nicht höhere Aufwendungen (z. B. höhere Werbungskosten) dem Finanzamt glaubhaft gemacht werden können.
Der Ausbildungsfreibetrag wird bei geschiedenen oder dauernd getrennt lebenden Eltern unehelicher Kinder genauso geteilt wie Kinderfreibetrag und Kindergeld. Anders als beim Kinderfreibetrag kann ein Elternteil seinen Anteil am Ausbildungsfreibetrag auf den anderen Elternteil übertragen, wenn sich bei diesem wegen der weitaus höheren Einkünfte der Ausbildungsfreibetrag steuerlich mehr auswirkt und beim anderen Elternteil nicht oder nur wenig.

Was gilt als Berufsausbildung des Kindes?

Berücksichtigt wird die Ausbildung des Kindes sowohl im Inland als auch im Ausland. Und dies sogar dann, wenn das Kind dauernd im Ausland lebt. Zur Berufsausbildung gehört:

- Die Ausbildung an allgemein bildenden Schulen wie Realschulen, Gymnasien, Handelsschulen

- Die praktische Ausbildung für einen künftigen Beruf, die durch Vorlage eines Lehrvertrages nachgewiesen werden kann
- Die Ausbildung an Universitäten, Fachhochschulen, Hauswirtschaftsschulen, bei Behinderten auch an einer Behindertenschule

Ausbildungsfreibeträge können auch für zeitliche Unterbrechungen von nicht mehr als vier Monaten zwischen zwei Ausbildungsabschnitten oder zwischen einem Ausbildungsabschnitt und Wehr- oder Ersatzdienst berücksichtigt werden.
Ausbildungsfreibeträge können des Weiteren bei Unterbrechungen der Ausbildung, z. B. wegen Krankheit des Kindes, geltend gemacht werden.

Unterbrechungen wirken sich nicht aus

Voraussetzung ist natürlich, dass überhaupt Aufwendungen für die Berufsausbildung des Kindes entstanden sind, wobei es auf deren Höhe nicht ankommt. Zu den Aufwendungen für die Berufsausbildung des Kindes zählen z. B.

- Unterbringungskosten, da das Kind außerhalb der elterlichen Wohnung lebt
- Verpflegungskosten
- Kosten für Lernmittel
- Barzahlungen als laufende Unterhaltskosten für den Lebensunterhalt, insbesondere im Fall der auswärtigen Unterbringung

Besonderheiten bei der auswärtigen Unterbringung eines Kindes

Damit ist zunächst jede Unterbringung außerhalb des elterlichen Haushaltes gemeint – egal, aus welchem Grund. Das Kind muss räumlich und hauswirtschaftlich von der elterlichen Wohnung getrennt sein, und nach der Rechtsprechung des Bundesfinanzhofs muss die auswärtige Unterbringung auf eine gewisse Dauer angelegt sein. Dies ist z. B. der Fall

- Wenn das Kind während des Studiums in ein Studentenwohnheim zieht oder vorübergehend im Ausland studiert.
- Ein vierwöchiger Feriensprachkurs zählt nicht dazu.
- Die Unterbringung bei dem anderen Elternteil zählt nicht.
- Für ein Elternpaar mit getrennten Haushalten wird der Ausbildungsfreibetrag für auswärtige Unterbringung nur gewährt, wenn das Kind in keinem der beiden Haushalte lebt.
- Der Ausbildungsfreibetrag kommt auch für ein bereits verheiratetes Kind in Betracht, falls es sich in Ausbildung befindet und die Einkünfte (auch des Ehegatten) entsprechend niedrig sind.

Auch auf verheiratete Kinder kann der Ausbildungsfreibetrag zutreffen

Die Inanspruchnahme des Ausbildungsfreibetrages für auswärtige Unterbringung ist außerdem möglich, wenn Anspruch auf den Haushaltsfreibetrag besteht, weil das Kind bei dem Elternteil gemeldet ist und nur für Ausbildungszwecke für einen gewissen Zeitraum woanders lebt.

Kinderbetreuungskosten

Aufwendungen für die Betreuung von Kindern gehören unter den folgenden Voraussetzungen zu den außergewöhnlichen Belastungen (nach § 33c EStG):

- Das Kind darf zu Beginn des Kalenderjahres noch nicht 16 Jahre alt sein.
- Das Kind muss unbeschränkt steuerpflichtig sein, es muss in Ihrem Haushalt leben.
- Bei einem Alleinstehenden, Geschiedenen oder dauernd getrennt Lebenden müssen die Aufwendungen wegen Erwerbstätigkeit, Krankheit (für mindestens drei Monate) oder Behinderung entstehen.
- Bei Verheirateten muss einer der Ehegatten für mindestens drei Monate krank oder behindert und der andere Ehegatte berufstätig oder ebenfalls mindestens drei Monate krank oder behindert sein.
- Der Elternteil (bzw. die Elternteile) muss unbeschränkt steuerpflichtig sein, der ständige Wohnsitz muss sich also im Inland befinden.

Höchstbeträge der Kinderbetreuungskosten

Ohne Nachweis erkennt das Finanzamt den Pauschbetrag von jährlich 480,– DM für jedes Kind als außergewöhnliche Belastung an. Können Sie die Kosten einzeln nachweisen, so sind für das erste Kind jährlich höchstens 4.000,– DM bzw. monatlich 333,34 DM und für jedes weitere Kind höchstens 2.000,– DM bzw. 166,67 DM absetzbar.

Jährlich höchstens 4.000,– DM

Für jeden vollen Kalendermonat, in dem die Voraussetzungen für den Abzug der Kinderbetreuungskosten nicht vorgelegen haben, ermäßigen sich die Aufwendungen um jeweils ein Zwölftel.

Für Auslandskinder sind ebenfalls Kinderbetreuungskosten abzusetzen. Haben Sie sich für den Abzug der tatsächlichen Kosten entschieden, richtet sich die Höhe der abzugsfähigen Höchstbeträge nach der Ländergruppeneinteilung.

Gehört ein Kind gleichzeitig zum Haushalt von zwei Alleinstehenden, kann jeder Elternteil die hälftigen Kinderbetreuungskosten ansetzen, eine Übertragung der hälftigen Beträge auf den anderen Elternteil ist nicht möglich.

Abzug der zumutbaren Belastung

Das Finanzamt kürzt seit 1997 bei Einzelnachweis die Kinderbetreuungskosten um die zumutbare Eigenbelastung (nach § 33 Abs. 3 EStG). Die zumutbare Eigenbelastung (siehe Tabelle im Zusammenhang mit Scheidungskosten, Seite 172) darf jedoch insgesamt nur einmal entweder von den Kinderbetreuungskosten oder von den allgemeinen außergewöhnlichen Belastungen abgezogen werden.

Zumutbare Eigenbelastung darf nur einmal abgezogen werden

Unter der Betreuung eines Kindes wird zunächst die persönliche Fürsorge für das Kind verstanden. Zu Betreuungspersonen zählen deshalb neben den Angehörigen:

- Alle Personen, die sich persönlich um das Kind kümmern
- Kindergärtnerinnen oder Hortbetreuerinnen
- Aber auch Hausgehilfinnen (soweit die Kosten dafür nicht als Sonderausgaben im Rahmen des Hausmädchenfreibetrages abgezogen werden), Kinderpflegerinnen, Kinderfrauen usw.

Wichtige Änderungen sind in Sicht

Allein-erziehende und Betreu-ungskosten

Alleinstehende sollten gegen ihren Einkommensteuerbescheid Einspruch einlegen, bei einer Steuernachzahlung die Aussetzung der Vollziehung des strittigen Betrages beantragen und das Verfahren ruhen lassen. Beim Bundesverfassungsgericht ist nämlich ein Verfahren anhängig zur Frage, ob Kinderbetreuungskosten Alleinstehender nicht in tatsächlicher Höhe berücksichtigt werden müssten. Zum 1. Januar 2000 müssen nach einem Urteil des Bundesverfassungsgerichts außerdem erhebliche Änderungen des Familienlastenausgleiches umgesetzt werden (Urteil vom 10. November 1998).

Nicht begünstigt sind Aufwendungen für die Vermittlung besonderer Fähigkeiten, wie z. B. Kosten für Nachhilfeunterricht, Sportvereine, Tanzkurse etc.

- Ist das Kind in einem Internat untergebracht, so sind in diesen Kosten auch Aufwendungen für die Betreuung des Kindes enthalten, die als Kinderbetreuungskosten gelten. In diesem Fall könnten zusätzlich noch 30 Prozent des Schulgeldes (nach § 10 Abs. 1 Nr. 9 EStG) sowie eventuell der Ausbildungsfreibetrag geltend gemacht werden.

Babysitter werden nicht berücksichtigt

Bei Einzelnachweis müssen die Kosten belegt werden. Bei Unterbringung in einem Kindergarten, Hort oder Internat sind diese Nachweise leicht zu erbringen. Privatpersonen, die das Kind betreuen, müssen entsprechende Quittungen ausstellen, falls die Betreuungskosten nicht als fester Arbeitslohn gezahlt werden. Berücksichtigt werden jedoch nur laufende Lohnzahlungen, keine gelegentlichen Zahlungen an Babysitter. Erstatten Sie der Betreuungsperson Fahrtkosten, weil diese das Kind in Ihrem Haushalt betreut, so zählen diese Ausgaben mit zu den Kinderbetreuungskosten.

Abkürzungsverzeichnis

BAFÖG	Bundesausbildungsförderungsgesetz
BfA	Bundesanstalt für Angestellte
BGB	Bürgerliches Gesetzbuch
BGH	Bundesgerichtshof
BRAGO	Bundesrechtsanwaltsgebührenordnung
EStG	Einkommensteuergesetz
GKG	Gerichtskostengesetz
JGG	Jugendgerichtsgesetz
KJHGH	Kinder- und Jugendhilfegesetz
OLG	Oberlandesgericht
PKH	Prozesskostenhilfe
SGB	Sozialgesetzbuch
StGB	Strafgesetzbuch
VdR	Verband deutscher Rentenversicherer
ZPO	Zivilprozessordnung

Hinweis für unsere Leser

Alle Empfehlungen und Rechenbeispiele in diesem Buch basieren auf den Erkenntnissen sowie der Gesetzeslage zum Zeitpunkt des Redaktionsschlusses (Juli 1999) und wurden mit der größtmöglichen Sorgfalt zusammengestellt. Dabei wurde darauf geachtet, dass die gewählten Beispiele allgemein übertragbar sind. Weil sich im Einzelfall und durch Änderungen von Gesetzen und Vorschriften eventuell andere Umstände ergeben können, ist jedoch eine Haftung von Autoren, Produzent und Verlag für Vermögensschäden aus der Anwendung der hier erteilten Ratschläge ausgeschlossen.

Konzept und Realisation: Livingston Media, 20148 Hamburg

Der Südwest Verlag ist ein Unternehmen der
Verlagshaus Goethestraße GmbH & Co. KG.

Redaktion: Cornelia Osterbrauck
Projektleitung: Dr. Harald Kämmerer
Redaktionsleitung: Dr. Reinhard Pietsch
Umschlag: Till Eiden
Herstellung: H + G Lidl, München
DTP/Satz: Fotosatz Völkl, Puchheim
Printed in Italy

Gedruckt auf chlor- und säurefreiem Papier

ISBN 3-517-06029-1

Stichwortverzeichnis